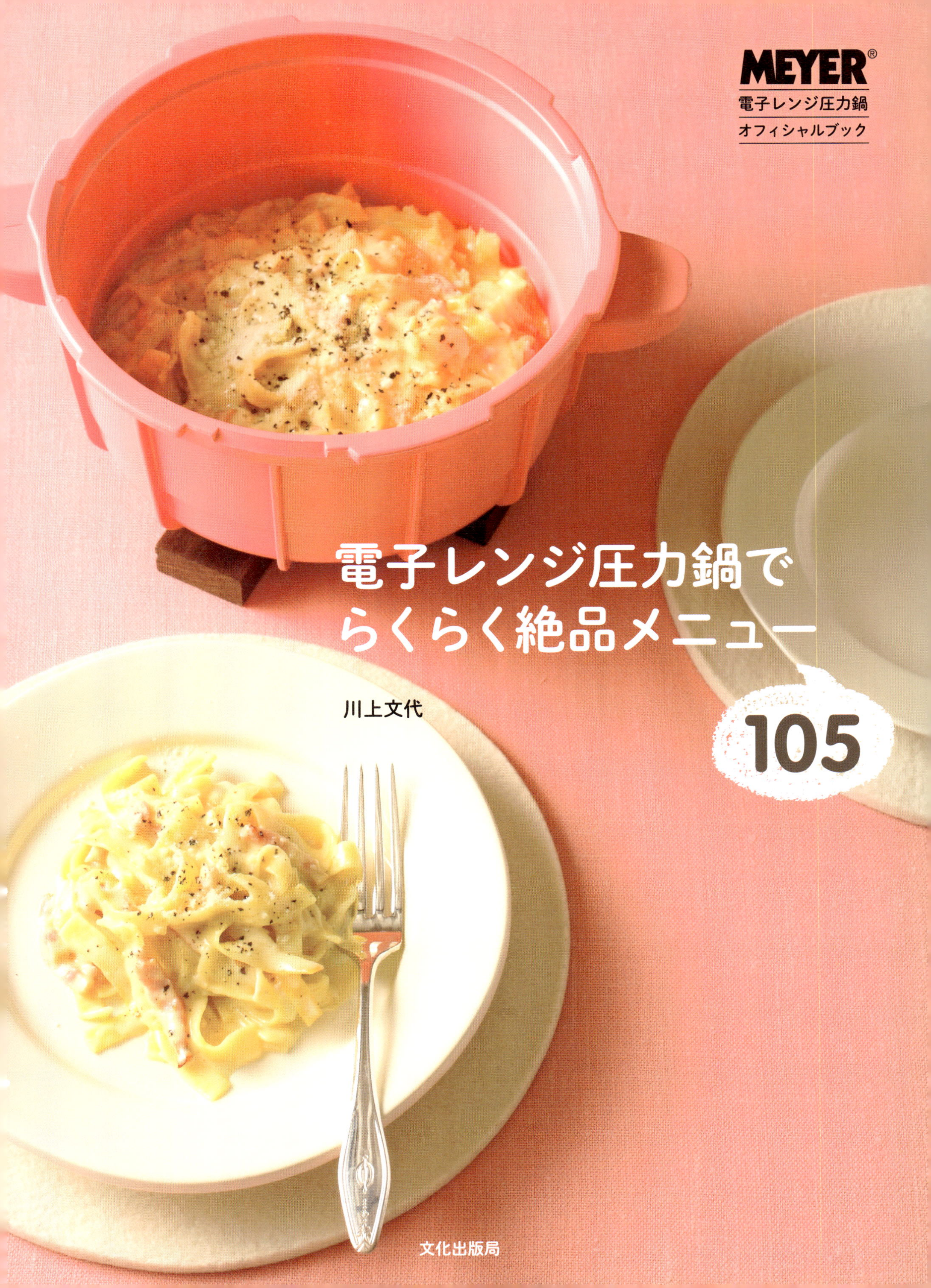

MEYER®
電子レンジ圧力鍋
オフィシャルブック

電子レンジ圧力鍋で らくらく絶品メニュー 105

川上文代

文化出版局

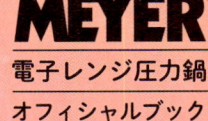

はじめに

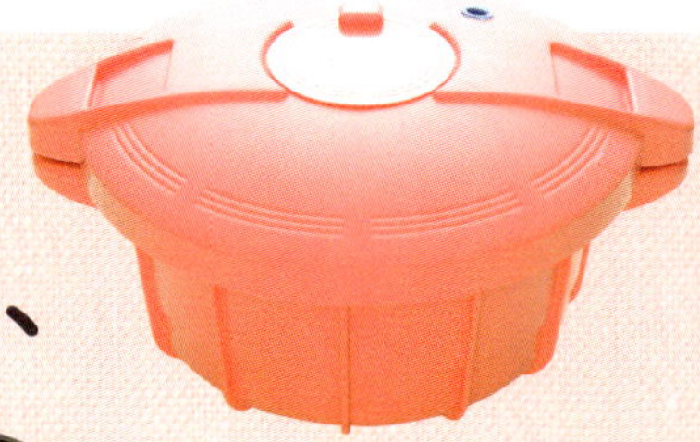

MEYER®の電子レンジ圧力鍋は、電子レンジ と圧力鍋 の いいとこどりをした調理器具です。

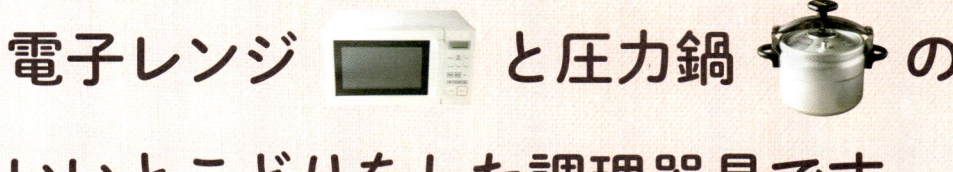

電子レンジを使うから、安心、らくらく。

コンロでの調理のように火の心配がいらないし、キッチンを離れても大丈夫。
鍋に材料を入れて電子レンジにかけるだけだから、使い方もシンプルで超簡単です。

圧力をかけながら調理するので、スピーディ。

圧力をかける機能を加えたことで、調理の時間が大幅カット！
下ごしらえはもちろん、時間のかかる煮込み料理にも、その威力を発揮します。

  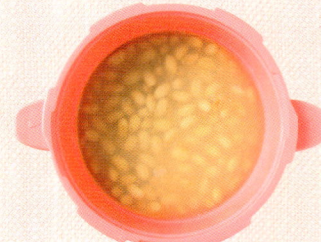

骨つき肉も、　　　　　ダイナミックな魚の煮物も、　　　　　豆の下ゆでもおまかせ！

材料を入れてチンするだけだから、味つけオンチだって大丈夫。

コンロでの調理は、火加減や材料の火の通し方などが大事。だけどこの鍋なら、
料理の腕もテクニックもいっさい不要です。レシピどおりに分量や時間を守るだけでOK。

定番煮物だって　　　　　失敗知らず！

コンパクトで軽量！キュートな色とデザイン！

こんなメニューだって、おいしくできる！

材料とパスタを電子レンジにかければ、即完成！　たっぷりの湯でパスタをゆでたり、具をいためたりする手間がいりません。ご飯は洗った米と水や材料を入れてチン！
白いご飯のほか、炊込みご飯、パエリャ、おかゆだって簡単に作れます。

簡単パスタメニュー（p.10〜21）

ごちそうご飯メニュー（p.22〜37）

毎日のおかず作りにも、もう困らない！

大人気のメニュー、本格味の煮込み料理などなどが、ずらり勢ぞろい。
和、洋、中、エスニックのさまざまなレシピをお届けします。材料別なので選びやすいし、作りやすい。

らくらく魚介おかず（p.38〜51）

とびっきり肉おかず（p.52〜81）

ヘルシー豆おかず（p.96〜103）

野菜たっぷりおかずも、すぐできる。

もう一品というときや、野菜不足を感じたときに
作りたいメニューがたくさん。シンプルでお手軽なレシピばかりです。

お役立ち野菜おかず（p.82〜95）

しかも、楽しいおやつのおまけつき！

あこがれおやつ（p.104〜107）

得する
アイディア＆レシピが
続々登場します！

電子レンジ圧力鍋の基本の使い方

料理を作りはじめる前に知っておきたい、鍋のパーツと扱い方です。
すぐに慣れるので、安心してトライしてみましょう。

各パーツと名称

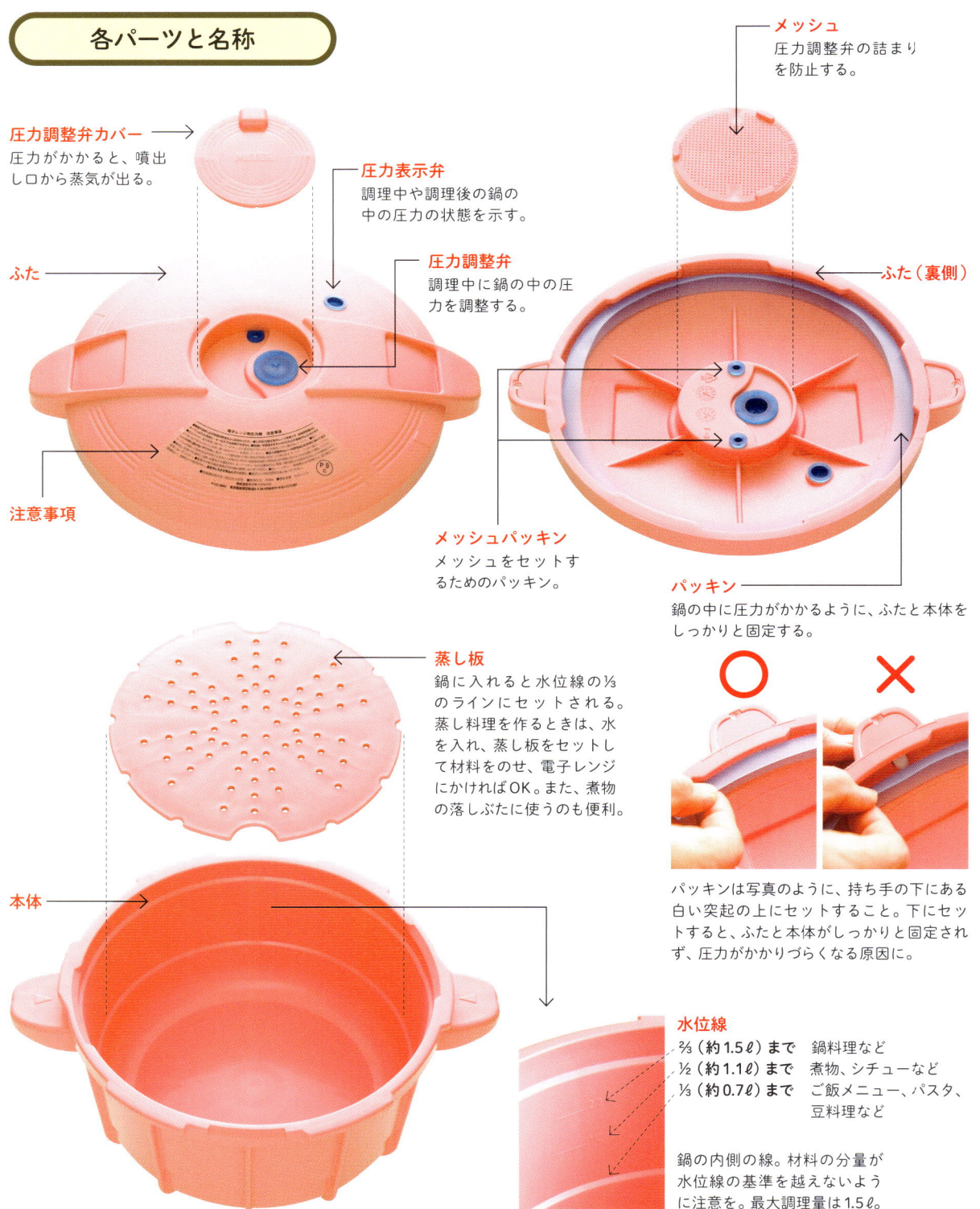

メッシュ
圧力調整弁の詰まりを防止する。

圧力調整弁カバー
圧力がかかると、噴出し口から蒸気が出る。

圧力表示弁
調理中や調理後の鍋の中の圧力の状態を示す。

ふた

圧力調整弁
調理中に鍋の中の圧力を調整する。

ふた（裏側）

注意事項

メッシュパッキン
メッシュをセットするためのパッキン。

パッキン
鍋の中に圧力がかかるように、ふたと本体をしっかりと固定する。

蒸し板
鍋に入れると水位線の1/3のラインにセットされる。蒸し料理を作るときは、水を入れ、蒸し板をセットして材料をのせ、電子レンジにかければOK。また、煮物の落しぶたに使うのも便利。

本体

パッキンは写真のように、持ち手の下にある白い突起の上にセットすること。下にセットすると、ふたと本体がしっかりと固定されず、圧力がかかりづらくなる原因に。

水位線
2/3（約1.5ℓ）まで　鍋料理など
1/2（約1.1ℓ）まで　煮物、シチューなど
1/3（約0.7ℓ）まで　ご飯メニュー、パスタ、豆料理など

鍋の内側の線。材料の分量が水位線の基準を越えないように注意を。最大調理量は1.5ℓ。

ふたの開け方

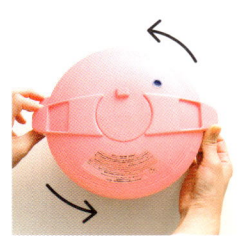

本体の持ち手を押さえながら、反時計回りにふたの持ち手部分を回して開ける。
・調理後に開けるときは、持ち手を少しだけ回し、ふたのすきまから蒸気が出ていないことを確認すること。
・調理後、圧力表示弁が下がっても（右参照）、ふたの持ち手が重く感じられるときは、しばらく待ってから開ける。

圧力のサイン

開けずに待って！

加圧状態
鍋の中に圧力がかかりはじめると、圧力表示弁が押し上げられ、加圧状態であることを表わす。圧力が下がるのを待ってふたを開けて。
★加圧が充分でないときなど、圧力弁が上がらない場合も。

蒸気に注意！

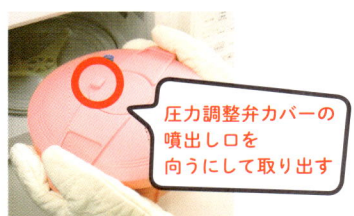

圧力調整弁カバーの噴出し口を向うにして取り出す

電子レンジにかけると、圧力調整弁カバーの噴出し口から蒸気が噴き出している場合もある。やけどをしないように、調理用ミトンや鍋つかみで鍋を取り出すこと。
・ターンテーブル式の電子レンジを使う場合は、取り出すときに噴出し口が手前に来ていたら、ターンテーブルを回し、向きを変えてから取り出して。

ふたの閉め方

ふたと本体にある▲マークを重ね、時計回りに持ち手を回す。カチッと音がすれば、閉まったサイン。

（圧力のサイン続き）

ふたを開けてOK！

圧力が下がっている状態
調理終了後、鍋の中の圧力が下がると圧力弁が下がる。これが、ふたを開けていいサイン。

急冷するときは

この部分に水がかからないように！

時間をおけば、蒸らしている間に圧力は下がるが、時間のないときやすぐにふたを開けたいときは、流水を鍋のふたにかけて冷まして。

調理の手順（煮物の場合）

カレーをはじめ、肉じゃがやシチューなど、煮物の作り方を紹介します。

1

材料を鍋に入れる
電子レンジ圧力鍋に材料、水などを入れて混ぜる。

2

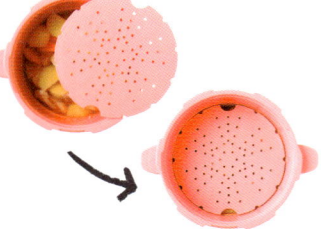

落しぶたをする
材料が煮汁から出ているとそこの部分だけかたくなってしまうので、蒸し板で落しぶたをして直接空気に触れないようにする。ふたをきちんと閉めて、電子レンジにかける。

3

調味する
ふたを開けて、材料がやわらかくなったら、調味する。材料がかたいうちに塩分を加えると、味がしみないので注意して。再び、電子レンジにかける。

4

味をなじませる
ふたを開けて全体をよく混ぜ、味をなじませればでき上り。

CONTENTS

はじめに・・・・・・・・・・・・・・・・・・・・・・・・・・・・・・ 2

電子レンジ圧力鍋の基本の使い方・・・・・・・・・・・・・・ 4

加えるだけで、おいしさ数段アップ！
作っておきたい「うまみのもと」・・・・・・・・・・・・・・ 8

PART 1

パスタと具を一緒に入れて、チンするだけ！
簡単パスタメニュー

キャベツとアンチョビーのパスタ・・・・・・・・・・・・・・ 10
カルボナーラ・・・・・・・・・・・・・・・・・・・・・・・・・ 12
プッタネスカ・・・・・・・・・・・・・・・・・・・・・・・・・ 13
鮭のクリームパスタ・・・・・・・・・・・・・・・・・・・・・ 14
ミートソースパスタ・・・・・・・・・・・・・・・・・・・・・ 15
チーズとアスパラガスのパスタ・・・・・・・・・・・・・・・ 16
ジェノベーゼ・・・・・・・・・・・・・・・・・・・・・・・・・ 17
オイルサーディンとクレソンのパスタ・・・・・・・・・・・ 18
ソーセージとズッキーニのカレーパスタ・・・・・・・・・・ 19
からし明太子パスタ・・・・・・・・・・・・・・・・・・・・・ 20
しめじとえのきの和風パスタ・・・・・・・・・・・・・・・・ 21

PART 2

つやつや、ふっくらの炊上り。
ごちそうご飯メニュー

シーフードのパエリャ・・・・・・・・・・・・・・・・・・・・ 22
チョリソーのケチャップライス・・・・・・・・・・・・・・・ 24
コーンビーフのカレーピラフ・・・・・・・・・・・・・・・・ 25
アスパラと帆立のリゾット・・・・・・・・・・・・・・・・・ 26
きのこのリゾット・・・・・・・・・・・・・・・・・・・・・・ 27
五目炊込みご飯・・・・・・・・・・・・・・・・・・・・・・・・ 28
豚肉の炊込みご飯・・・・・・・・・・・・・・・・・・・・・・ 29
さつまいもと栗の炊きおこわ・・・・・・・・・・・・・・・・ 30
チャーシューとたけのこの中国風おこわ・・・・・・・・・・ 31
赤飯・・・・・・・・・・・・・・・・・・・・・・・・・・・・・・・ 32
いか飯・・・・・・・・・・・・・・・・・・・・・・・・・・・・・・ 33
白米ご飯・・・・・・・・・・・・・・・・・・・・・・・・・・・・ 34
混ぜご飯3種（わかめ＋じゃこご飯、
　明太子＋青じそご飯、サーモンのづけ混ぜご飯）・・ 34
七分がゆ・・・・・・・・・・・・・・・・・・・・・・・・・・・・ 35
中華がゆ・・・・・・・・・・・・・・・・・・・・・・・・・・・・ 35
発芽玄米ご飯・・・・・・・・・・・・・・・・・・・・・・・・・ 36
雑穀ご飯・・・・・・・・・・・・・・・・・・・・・・・・・・・・ 37

PART 3

うまみを逃さず、スピード調理。
らくらく魚介おかず

アクアパッツァ・・・・・・・・・・・・・・・・・・・・・・・・ 38
たこのトマト煮・・・・・・・・・・・・・・・・・・・・・・・・ 40
たらのナッツ煮込み・・・・・・・・・・・・・・・・・・・・・ 41
ニース風サラダ・・・・・・・・・・・・・・・・・・・・・・・・ 42
あさりの具だくさんチャウダー・・・・・・・・・・・・・・・ 43
鮭のチャンチャン焼き風・・・・・・・・・・・・・・・・・・ 44
さばのみそ煮・・・・・・・・・・・・・・・・・・・・・・・・・ 45
いわしの梅煮・・・・・・・・・・・・・・・・・・・・・・・・・ 46
ぶり大根・・・・・・・・・・・・・・・・・・・・・・・・・・・・ 47
えびのチリソースいため・・・・・・・・・・・・・・・・・・ 48
あじの中国風煮物・・・・・・・・・・・・・・・・・・・・・・ 49
帆立と野菜の中国風煮込み・・・・・・・・・・・・・・・・・ 50
かれいのエスニック煮・・・・・・・・・・・・・・・・・・・・ 51

本書の決り
◎電子レンジの加熱時間は、目安です。機種や気候によって多少異なります。
◎材料に記した分量（g）は、すべて正味です（p.88の蒸し里芋、p.89の蒸し枝豆、ゆで栗以外）。
◎塩は天然塩、砂糖は上白糖、生クリームは動物性乳製品を使用。
◎大さじ1は15㎖、小さじ1は5㎖。

PART 4

やわらかに煮えて、うまみもじんわり。
とびっきり肉おかず

豚肉

- 豚肉の角煮 ················ 52
- スペアリブのバルサミコ酢煮 ········ 54
- ポークカレー ················ 55
- 塩豚でスープ＆サラダ ··········· 56
- 豚汁 ···················· 57
- 豚バラ肉のハーブ巻き蒸し ········· 58
- 豚肉と野菜の煮込み クスクス添え ···· 59

鶏肉

- チキンと野菜のトマト煮 ·········· 60
- チキンとポテトのクリームシチュー ···· 61
- チキンと野菜のポトフー ·········· 62
- チキンハム ················· 63
- チキンカレー ················ 64
- 筑前煮 ··················· 65
- バンバンジー ················ 66
- 手羽元の酢煮 ················ 67

牛肉

- ビーフカレー ················ 68
- ビーフシチュー ··············· 69
- 肉豆腐 ··················· 70
- 肉じゃが ·················· 71
- ビーフストロガノフ ············· 72
- 牛肉と大根のピリ辛みそスープ ······ 73
- 牛すじのみそ煮 ··············· 74
- 牛すじのトマト煮 ·············· 75

ひき肉

- ロールキャベツ ··············· 76
- ピーマンの肉詰め煮 ············ 77
- 煮込みハンバーグ ············· 78
- 鶏肉だんごと麩の煮物 ·········· 79
- キーマカレー ················ 80
- 麻婆豆腐 ·················· 81

PART 5

素材の持ち味、香り、食感を楽しむ。
お役立ち野菜おかず

- 蒸し野菜盛合せ（ごまマヨソース、梅ソース）······ 82
- 蒸しじゃが（アンチョビーソース、みそソース）···· 84
- ポテトサラダ ················ 85
- 蒸しさつまいも（チーズソース、プルーンソース）·· 86
- さつまいもとりんごのサラダ ········ 87
- 蒸しなすの香味ソースかけ ········· 88
- 蒸し里芋 ·················· 88
- 蒸し枝豆 ·················· 89
- ゆで栗 ··················· 89
- 蓮根とひじきの煮物 ············ 90
- ししとうと切干し大根のみそ煮 ······ 91
- かぼちゃの煮物 ··············· 91
- 大根とさんまのかば焼き缶の煮物 ···· 92
- 白菜とハムのクリーム煮 ·········· 93
- ごぼうとベーコンのスープ煮 ······· 93
- にんじん、セロリ、サラミのマリネ ···· 94
- 長芋、エリンギ、さきいかのマリネ ···· 95

PART 6

作ってみれば、とても簡単！
ヘルシー豆おかず

- チリコンカン ················ 96
- 三目豆 ··················· 98
- レンズ豆と手羽先の煮物 ·········· 99
- 白いんげん豆とベーコンのスープ煮 ··· 100
- ひよこ豆と生ハムの煮込み ········ 101
- 黒豆のクリーム煮 ············· 102
- ビーンズサラダ ·············· 103

これも作ってみたい！
あこがれおやつ

- ケークサレ ················ 104
- ふわふわチーズ いちごジャムかけ ··· 105
- あんこ寒天 ················ 106
- りんごの赤ワイン煮 ············ 107

材料別さくいん ················ 108

電子レンジ圧力鍋での調理は、
こんなことも大事です！ ············ 111

加えるだけで、おいしさアップ！
作っておきたい「うまみのもと」

電子レンジ圧力鍋の唯一のウィークポイントは、「いためる」「揚げる」などの調理ができないこと。
なので、電子レンジにかけただけの料理は、物足りなさを感じてしまいがちです。
そんな悩みをスパッと解消してくれるのが、ここに紹介した五つのうまみのもと！
香味野菜やスパイスなどを、香ばしくいためて保存しておくだけでOK。
それを料理に加えるとコクと風味がぐんとアップし、とびっきりの味に仕上がります。
うまみのもとはよく冷まし、密閉瓶や容器に入れて冷蔵庫で保存を。
3週間ほどを目安に使いきりましょう。　＊フライパンは、フッ素樹脂加工のものを使用。

パスタや洋風スープに欠かせません。
にんにくオイル

材料（作りやすい分量）
にんにく（みじん切り）　大さじ4
オリーブ油　大さじ4

フライパンににんにく、オリーブ油を入れて弱めの中火にかけ、よく混ぜながらいためて香りを出す。にんにくが薄く色づいたら、フライパンの底を水につけて冷ます。

少量加えるだけで、エスニックな味に。
クミン＋コリアンダーオイル

材料（作りやすい分量）
クミンシード　大さじ3
コリアンダーシード　大さじ4
サラダ油　大さじ4

① コリアンダーシードはすり鉢に入れてする（または肉たたきなどでつぶす）。
② フライパンにクミンシード、コリアンダーシード、サラダ油を入れて弱めの中火にかけ、よく混ぜながらいためて香りを出す。スパイスが茶色くなったら、フライパンの底を水につけて冷ます。

和風、中国風料理のうまみ出しに。
ねぎ＋しょうがオイル

材料（作りやすい分量）
長ねぎ（みじん切り）　大さじ5
しょうが（みじん切り）　大さじ2
サラダ油　大さじ4

フライパンにねぎ、しょうが、サラダ油を入れて弱めの中火にかけ、よく混ぜながらいためて香りを出す。野菜が茶色くなったら、フライパンの底を水につけて冷ます。

クリーミーなシチューや煮物に。
焦がしバター

材料（作りやすい分量）
バター（食塩不使用）　100g

フライパンにバターを入れて弱めの中火にかける。泡がプクプクと出て茶色くなったら、フライパンの底を水につけて冷ます。

やさしい甘みととろみで、コク満点。
いため玉ねぎ

材料（作りやすい分量）
玉ねぎ　大2個（500g）
　縦半分に切って縦に薄切りにする。
サラダ油　小さじ1

フライパンにサラダ油を中火で熱し、玉ねぎを入れていためる。混ぜては広げるを繰り返す。途中、水少々を加えるといい。茶色くなったら、取り出して冷ます。

9

PART 1

パスタと具を一緒に入れて、チンするだけ！
簡単パスタメニュー

電子レンジ圧力鍋にパスタと具を入れてレンジにかけるだけで、
あっという間にごちそうメニューが完成します！
この調理法なら、パスタをゆでるたっぷりの湯も、
フライパンで具をいためる手間もいっさい不要。
味つけオンチの人でもおいしく、らくらく作れます。
パスタは好みのものを使ってください。

キャベツとアンチョビーのパスタ

キャベツの甘み、アンチョビーのうまみ、にんにくオイルの香りが絶妙のハーモニー。
パスタは3等分に折れば、調理しやすくなります。

材料（2人分）
ロングパスタ
　（フェデリーニ。6分ゆでのもの）　160g
　　手で3等分に折る。
キャベツ　2枚（100g）
　　3～4cm角に切る。
アンチョビー（フィレ）　4枚
　　細切りにする。
赤とうがらし（小口切り）　少々
A ┌ 水　1¼カップ（250ml）
　└ 白ワイン　大さじ2
にんにくオイル（p.8参照）　大さじ1
塩　少々
イタリアンパセリ（みじん切り）　適宜

おいしさアップ！

アンチョビー
片口いわしを塩漬けにし、
熟成・発酵させたもの。

イタリアンパセリ
やさしい甘みのあるハーブ。普通のパセリでも。

PART 1 簡単パスタメニュー

① 鍋に材料を入れる
電子レンジ圧力鍋にパスタ、Aを入れ、アンチョビー、赤とうがらし、にんにくオイルを加えて混ぜ、キャベツをのせる。

② 電子レンジにかける
蒸し板で落しぶたをし、ふたをして電子レンジにかける。圧力が下がるまで放置する。

③ 仕上げる
塩を加えて混ぜ、味を調える。イタリアンパセリを散らす。

600Wの場合
8分かける→3分放置

500Wの場合
9分30秒かける→3分放置

カルボナーラ

カルボナーラとは、「炭焼き職人」という意味。
炭鉱で働いていた人たちが仕事の合間に食べたなど諸説あります。
とろりと濃厚な卵＋生クリームのソースをからめ、たっぷりの黒こしょうをふっていただきます。

材料（2人分）
ロングパスタ
　（フェトチーネ。6分ゆでのもの）　140g
ベーコン　4～5枚（80g）
　5mm幅に切る。
卵黄　4個分
A ┌ 水　140㎖
　└ 生クリーム　160㎖
焦がしバター（p.9 参照）　小さじ2
パルミジャーノ・レッジャーノ　大さじ2
塩、粗びき黒こしょう　各少々

おいしさアップ！

パルミジャーノ・レッジャーノ
イタリア・パルマ地方原産の硬質チーズ。粉状になっているものが便利。

① 鍋に材料を入れる
電子レンジ圧力鍋にパスタを入れ、手で粗くほぐす。Aを入れ、ベーコン、焦がしバターを加えて混ぜる。

② 電子レンジにかける
蒸し板で落しぶたをし、ふたをして電子レンジにかける。圧力が下がるまで放置する。

> 600Wの場合　12分かける→3分放置
> 500Wの場合　14分30秒かける→3分放置

③ 仕上げる
卵黄、チーズを加えて手早く混ぜ、余熱で卵黄にとろりと火を通す。塩、こしょうをふって味を調える。器に盛り、好みでチーズ、こしょう（各分量外）をふる。

PART 1　簡単パスタメニュー

プッタネスカ

ナポリ名物のパスタで「娼婦風」という意味。
娼婦は家にある食材を組み合わせて一品のパスタにしたほか、さまざまな説があります。
甘みと酸味のあるトマトソースに具とパスタがからんで、美味。

材料（2人分）
ショートパスタ
　（フジッリ。12分ゆでのもの）　160g
サラミ（薄切り）　40g
ケイパー　大さじ1
黒オリーブ　8個
A ┌ 水　180ml
　└ トマトソース（缶詰）　250g
にんにくオイル（p.8 参照）　小さじ2
塩、こしょう　各少々
パルミジャーノ・レッジャーノ
　（p.12 参照）　適宜

おすすめストック
トマトソース缶

おいしさアップ！

ケイパー
フウチョウソウ科の低木のつぼみのピクルス。

黒オリーブ
熟したオリーブの実を塩水漬けにしたもの。

① 鍋に材料を入れる
電子レンジ圧力鍋にパスタ、Aを入れ、サラミ、ケイパー、オリーブ、にんにくオイルを加えて混ぜる。

② 電子レンジにかける
蒸し板で落しぶたをし、ふたをして電子レンジにかける。圧力が下がるまで放置する。

> 600Wの場合　12分かける→3分放置
> 500Wの場合　14分30秒かける→3分放置

③ 仕上げる
塩、こしょうを加えて味を調え、器に盛ってチーズをふる。

鮭のクリームパスタ

とろりとクリーミーなソースが、鮭とパスタにからんだ絶品味。生クリーム、焦がしバター、白ワインの豊かな風味が口いっぱいに広がります。キリッと冷やした白ワインとどうぞ。

材料（2人分）
- ショートパスタ
  （カサレッチェ。11分ゆでのもの） 160g
- 生鮭　大1切れ（120g）
  一口大に切り、塩、こしょう各少々をふる。
- スナップえんどう　6個
  へたとすじを取り、半分に裂く。
- A
  - 生クリーム　160mℓ
  - 白ワイン　大さじ2
  - 洋風スープ*　¾カップ（150mℓ）
- 焦がしバター（p.9参照）　小さじ2
- パルミジャーノ・レッジャーノ
  （p.12参照）　大さじ2
- 塩　小さじ⅓
- こしょう　少々

* チキンコンソメ粉末小さじ½、または固形½個を熱湯少々で溶き、水を加えて分量にする。

おすすめストック
コンソメ

① 鍋に材料を入れる
電子レンジ圧力鍋にパスタ、Aを入れ、生鮭、スナップえんどう、焦がしバターを加えて混ぜる。

② 電子レンジにかける
蒸し板で落しぶたをし、ふたをして電子レンジにかける。圧力が下がるまで放置する。

> 600Wの場合　12分かける→3分放置
> 500Wの場合　14分30秒かける→3分放置

③ 仕上げる
チーズ、塩、こしょうを加えて混ぜ、味を調える。

PART 1　簡単パスタメニュー

材料（2人分）
ロングパスタ
　（スパゲッティ。12分ゆでのもの）　160g
　手で3等分に折る。
合いびき肉　120g
生しいたけ　1枚
　軸を落としてみじん切りにする。
A ┌ 水　180ml
　└ トマトソース（缶詰）　250g
にんにくオイル（p.8参照）　大さじ1
いため玉ねぎ（p.9参照）　50g
パルミジャーノ・レッジャーノ
　（p.12参照）　大さじ1
塩　ひとつまみ
こしょう　少々
パセリ（みじん切り）　少々

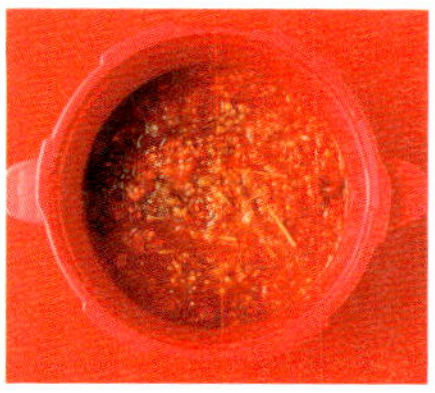

① 鍋に材料を入れる
電子レンジ圧力鍋にパスタ、Aを入れ、ひき肉、しいたけ、にんにくオイル、いため玉ねぎを加えて混ぜる。

② 電子レンジにかける
蒸し板で落しぶたをし、ふたをして電子レンジにかける。圧力が下がるまで放置する。

> 600Wの場合　12分かける→3分放置
> 500Wの場合　14分30秒かける→3分放置

③ 仕上げる
チーズ、塩、こしょうを加えて混ぜる。器に盛り、パセリをふる。

ミートソースパスタ

鍋にパスタとミートソースに必要な材料を入れてチンすればできる、画期的なレシピです。分量さえ守れば、スピーディで本格味のパスタが即、完成！　味も、もちろん保証済みです。

材料（2人分）

ショートパスタ
　（ペンネ。13分ゆでのもの）　160g
ピザ用チーズ　100g
グリーンアスパラガス　4本（80g）
　根元を落とし、根元から半分ほどの長さまで皮をむく。4cm長さの斜め切りにする。
洋風スープ*　1¾カップ（350ml）
焦がしバター（p.9参照）　小さじ2
塩、こしょう　各適宜
パルミジャーノ・レッジャーノ（p.12参照）
　大さじ2

＊　チキンコンソメ粉末小さじ1、または固形1個を熱湯少々で溶き、水を加えて分量にする。

チーズと
アスパラガスのパスタ

ピザ用、パルミジャーノ・レッジャーノの2種のチーズを使った濃厚でまったりとした味わいです。シンプル調理だからこそ、素材のおいしさもぐんと際立ちます。あつあつをどうぞ。

① 鍋に材料を入れる
電子レンジ圧力鍋にパスタ、洋風スープを入れ、焦がしバターを加えて混ぜる。

② 電子レンジにかける
蒸し板で落しぶたをし、ふたをして電子レンジにかける。圧力が下がるまで放置する。

> 600Wの場合　10分かける→3分放置
> 500Wの場合　12分かける→3分放置

③ もう一度電子レンジにかける
ピザ用チーズ、アスパラガス、塩、こしょう各少々を加えて混ぜる。蒸し板で落しぶたをし、ふたをして電子レンジにかける。圧力が下がるまで放置する。

> 600Wの場合　3分かける→3分放置
> 500Wの場合　3分30秒かける→3分放置

④ 仕上げる
パルミジャーノ・レッジャーノ、塩、こしょう各少々を加えて混ぜ、味を調える。

PART 1　簡単パスタメニュー

ジェノベーゼ

イタリア・リグーリア州のジェノヴァ生れのソースをからめたパスタ。本来は材料をミキサーにかけて作りますが、ここではバジル、ナッツをみじん切りにした手間なしバージョンです。

材料（2人分）
ロングパスタ
　（フェデリーニ。6分ゆでのもの）　160g
　　手で3等分に折る。
バジル（みじん切り）　4g
イタリアンパセリ（みじん切り。
　p.10参照）　8g
ミックスナッツ（ロースト。みじん切り）　20g
水　1¾カップ（350㎖）
にんにくオイル（p.8参照）　大さじ1
塩　小さじ½
こしょう　少々
パルミジャーノ・レッジャーノ（p.12参照）
　大さじ2
バジル（せん切り）　4枚分

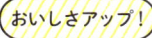

バジル
すがすがしい香りが特徴のシソ科のハーブ。

① 鍋に材料を入れる
電子レンジ圧力鍋にパスタ、水を入れ、にんにくオイル、塩、こしょうを加えて混ぜる。

② 電子レンジにかける
蒸し板で落しぶたをし、ふたをして電子レンジにかける。圧力が下がるまで放置する。

600Wの場合　8分かける→3分放置
500Wの場合　9分30秒かける→3分放置

③ 仕上げる
みじん切りのバジル、イタリアンパセリ、ナッツ、チーズと、塩、こしょう各少々（各分量外）を加えて混ぜ、味を調える。器に盛ってせん切りのバジルを散らす。

オイルサーディンと
クレソンのパスタ

オイルサーディンのコクとうまみ、クレソンのほろ苦さがおいしくマッチ。
ショートパスタ独特のぷりっとした歯ごたえとも、相性抜群です。
オイルサーディンは買置きしておくと、いざというときにとても重宝。

材料（2人分）
ショートパスタ（フジッリ。
　12分ゆでのもの）　160g
オイルサーディン（缶詰）　1缶（120g）
　缶汁をきる。
クレソン　30g
　3cm長さに切る。
玉ねぎ（縦に薄切り）　50g
A ┌ 洋風スープ*　1½カップ（300㎖）
　└ 白ワイン　大さじ2
クミン＋コリアンダーオイル（p.8 参照）
　小さじ1
塩　小さじ½
こしょう　少々

* 　チキンコンソメ粉末小さじ1、
　または固形1個を熱湯少々で溶
　き、水を加えて分量にする。

① 鍋に材料を入れる
電子レンジ圧力鍋にパスタ、Aを入れ、クミン＋コリアンダーオイルを加えて混ぜる。オイルサーディンをのせる。

② 電子レンジにかける
蒸し板で落しぶたをし、ふたをして電子レンジにかける。圧力が下がるまで放置する。

> 600Wの場合　12分かける→3分放置
> 500Wの場合　14分30秒かける→3分放置

③ 仕上げる
クレソン、玉ねぎ、塩、こしょうを加えて混ぜる。

おすすめストック
オイルサーディン缶

PART 1　簡単パスタメニュー

材料（2人分）
ショートパスタ（コンキリエ。
　　13分ゆでのもの）　160g
ウィンナーソーセージ　4本（120g）
　3mm幅の輪切りにする。
ズッキーニ　1/3本（50g）
　3mm幅の輪切りにする。
水　1 1/2カップ（300㎖）
いため玉ねぎ（p.9参照）　50g
カレーフレーク　80g
洋風スープ*　1カップ（200㎖）

＊　チキンコンソメ粉末小さじ1/2、または固形1/2
個を熱湯少々で溶き、水を加えて分量にする。

おいしさアップ！
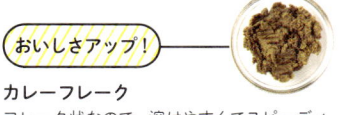
カレーフレーク
フレーク状なので、溶けやすくてスピーディ。

① 鍋に材料を入れる
電子レンジ圧力鍋にパスタ、水を入れ、いため玉ねぎを加えて混ぜる。

② 電子レンジにかける
蒸し板で落しぶたをし、ふたをして電子レンジにかける。圧力が下がるまで放置する。

> 600Wの場合　12分かける→3分放置
> 500Wの場合　14分30秒かける→3分放置

③ もう一度電子レンジにかける
ソーセージ、ズッキーニ、カレーフレーク、洋風スープを加えて混ぜる。蒸し板で落しぶたをし、ふたをして電子レンジにかける。圧力が下がるまで放置する。

> 600Wの場合　4分かける→3分放置
> 500Wの場合　5分かける→3分放置

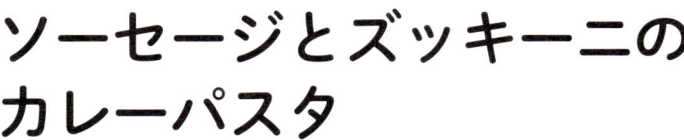

ソーセージとズッキーニの カレーパスタ

スパイシーなカレーの香りに食欲もアップ！　ソーセージのうまみ、ズッキーニのやさしい甘み、パスタの歯ごたえが絶妙のコンビネーションです。一度食べると、また作りたくなるおいしさ。

からし明太子パスタ

電子レンジ圧力鍋でパスタをゆでたら、明太子と水菜を加えて混ぜるだけ！
おいしい秘訣は、パスタをゆでるときに焦がしバターを加えること。
バターのまろやかでリッチな風味が加わります。

材料（2人分）
- ショートパスタ（ペンネ。13分ゆでのもの）　160g
- からし明太子　小1はら（60g）
  中身を取り出してほぐす。
- 水菜　1/5束（40g）
  3cm長さに切る。
- 水　1 1/2カップ（300mℓ）
- 焦がしバター（p.9参照）　大さじ1
- 刻みのり　適宜

① 鍋に材料を入れる
電子レンジ圧力鍋にパスタ、水を入れ、焦がしバターを加えて混ぜる。

② 電子レンジにかける
蒸し板で落しぶたをし、ふたをして電子レンジにかける。圧力が下がるまで放置する。

600Wの場合　12分かける→3分放置
500Wの場合　14分30秒かける→3分放置

③ 仕上げる
からし明太子、水菜を加えて混ぜ、塩（分量外）を加えて味を調える。器に盛って刻みのりをのせる。

PART 1　簡単パスタメニュー

材料（2人分）
ショートパスタ（フジッリ。
　12分ゆでのもの）　160g
しめじ　½パック（50g）
　石づきを落としてほぐす。
えのきだけ　½パック（50g）
　根元を落としてほぐす。
万能ねぎ　4本
　4cm長さの斜め切りにする。
青じそ（せん切り）　4枚分
水　1½カップ（300mℓ）
ねぎ＋しょうがオイル（p.9参照）
　大さじ1
昆布茶　小さじ1
しょうゆ　大さじ1
塩　少々

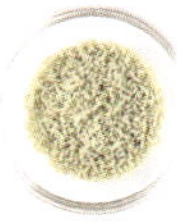

おいしさアップ！
昆布茶
細かく刻んだ昆布で、湯を加えて飲み物にする。だし代わりに使っても。

① 鍋に材料を入れる
電子レンジ圧力鍋にパスタ、水を入れ、しめじ、えのきだけ、ねぎ＋しょうがオイル、昆布茶を加えて混ぜる。

② 電子レンジにかける
蒸し板で落しぶたをし、ふたをして電子レンジにかける。圧力が下がるまで放置する。

600Wの場合　12分かける→3分放置
500Wの場合　14分30秒かける→3分放置

③ 仕上げる
万能ねぎ、青じそ、しょうゆ、塩を加えて混ぜ、味を調える。

しめじとえのきの和風パスタ

きのこのうまみと香りをぎゅっと閉じ込めた、しょうゆ味のパスタです。
かくし味に昆布茶を使うのが、おいしいポイント。深いうまみが加わって、
しみじみとした味わいの一品に仕上がります。だしをとる手間いらずで、らくちん。

PART 2

つやつや、ふっくらの炊上り。
ごちそうご飯メニュー

電子レンジ圧力鍋は、欠かせない毎日のごはん作りにも大活躍！ 白い炊きたてご飯はもちろん、具だくさんの炊込みご飯やパエリャ、体にもやさしいおかゆやリゾット。またおもてなしにもおすすめのメニューまで、得するレシピをドーンと紹介します。

シーフードのパエリャ

あさりやえび、野菜のうまみが、ご飯にじわっとしみています。
サフランの香りが具とご飯を包み込み、風味も満点です。

材料（作りやすい分量）*
- 米　2合（360mℓ）
- 殻つきあさり　150g
  - 水1カップ（200mℓ）＋塩小さじ1の塩水に1時間浸し、塩少々をつけて殻どうしをこすり洗いする。
- えび　8尾
  - 背に切込みを入れて背わたを取り、尾を残して足を取り除く。
- ベーコン　2枚（30g）
  - 3mm幅に切る。
- ピーマン　1個（30g）
  - 縦半分に切ってへたと種を除く。横半分に切って縦に細切りにする。
- トマト水煮（缶詰。カットタイプ）　100g
- 洋風スープ**
  - A　1½カップ（300mℓ）
  - 白ワイン　大さじ2
- にんにくオイル（p.8参照）　大さじ1
- いため玉ねぎ（p.9参照）　50g
- サフラン***　ひとつまみ
  - 耐熱の皿に広げ、ラップをかけずに電子レンジ600Wに30秒（500Wの場合は40秒）かける。かりっとしたら指で粉々にする。
- ターメリック　小さじ½
- 塩　小さじ½
- こしょう　少々
- レモン（くし形切り）、パセリ（みじん切り）　各適宜

*　約3～4人分。
**　チキンコンソメ粉末小さじ1、または固形1個を熱湯少々で溶き、水を加えて分量にする。
***　高価なので、ターメリックだけを使ってもいい。

サフラン
アヤメ科の多年草のめしべを乾燥させたスパイス。

 **おすすめストック**
トマトの水煮缶

下ごしらえ

米を洗って水気をきる

米は洗ってざるに上げ、かたく絞ったぬれ布巾をかけて30分おく。こうすると米が水分を吸い、布巾をかけておくと乾燥を防ぐ。

PART 2　ごちそうご飯メニュー

① 鍋に材料を入れる
電子レンジ圧力鍋に米、Aを入れ、レモンとパセリ以外のすべての材料を加えて混ぜる。

② 電子レンジにかける
蒸し板で落しぶたをし、ふたをして電子レンジにかける。圧力が下がるまで放置する。

③ 仕上げる
さっくりと混ぜてレモンを添え、パセリを散らす。

> 600Wの場合
> 16分かける→10分放置
>
> 500Wの場合
> 19分かける→10分放置

チョリソーのケチャップライス

チョリソーの塩気とうまみ、コーンとケチャップの甘みが懐かしいおいしさ。炊くときにいため玉ねぎ、焦がしバターを加えるのが、おいしさの秘密です。玉ねぎの甘み、バターの風味で、とびっきりの味に。

材料（作りやすい分量）*
- 米　2合（360㎖）
  洗ってざるに上げ、かたく絞ったぬれ布巾をかけて30分おく（p.22参照）。
- チョリソー（またはウィンナーソーセージ）　4本（100g）
  薄い輪切りにする。
- ホールコーン（缶詰）　100g
  缶汁をきる。
- 洋風スープ**　2カップ（400㎖）
- 焦がしバター（p.9参照）　小さじ2
- いため玉ねぎ（p.9参照）　50g
- トマトケチャップ　大さじ6
- 塩、こしょう　各少々
- パセリ（みじん切り）　適宜

*　約3～4人分。
**　チキンコンソメ粉末小さじ1強、または固形1個を熱湯少々で溶き、水を加えて分量にする。

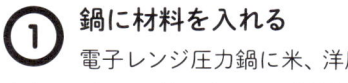

おすすめストック

ホールコーン缶

① 鍋に材料を入れる
電子レンジ圧力鍋に米、洋風スープを入れ、パセリ以外のすべての材料を加えて混ぜる。

② 電子レンジにかける
蒸し板で落しぶたをし、ふたをして電子レンジにかける。圧力が下がるまで放置する。

> 600Wの場合　16分かける→10分放置
> 500Wの場合　19分かける→10分放置

③ 仕上げる
さっくりと混ぜて器に盛り、パセリを散らす。

PART 2　ごちそうご飯メニュー

材料（作りやすい分量）*
- 米　2合（360㎖）
  洗ってざるに上げ、かたく絞ったぬれ布巾をかけて30分おく（p.22参照）。
- コーンビーフ　1缶（100g）
  1cm角に切る。
- エリンギ　大1本（70g）
  1.5cm角に切る。
- 洋風スープ**　440㎖
- カレー粉　大さじ1
- 焦がしバター（p.9参照）　小さじ1
- いため玉ねぎ（p.9参照）　50g
- 塩　小さじ2/3
- イタリアンパセリ（p.10参照）　適宜

*　約3～4人分。
**　チキンコンソメ粉末小さじ1、または固形1個を熱湯少々で溶き、水を加えて分量にする。

おすすめストック
コーンビーフ缶

① 鍋に材料を入れる
電子レンジ圧力鍋に米、洋風スープを入れ、イタリアンパセリ以外のすべての材料を加えて混ぜる。

② 電子レンジにかける
蒸し板で落しぶたをし、ふたをして電子レンジにかける。圧力が下がるまで放置する。

600Wの場合　16分かける→10分放置
500Wの場合　19分かける→10分放置

③ 仕上げる
さっくりと混ぜて器に盛り、ちぎったイタリアンパセリを散らす。

コーンビーフのカレーピラフ

ほぐれたコーンビーフのうまみが、全体においしくからみます。カレー粉のスパイシーな香り、エリンギのさくさくとした独特の食感がアクセント。子どもから大人まで大人気のレシピです。

アスパラと帆立のリゾット

アスパラ、帆立、米を電子レンジにかけた後、アツアツのスープを加えるのがリゾットのポイントです。仕上りは米にちょっと芯が残るほどの、本格味のアルデンテ。チーズをたっぷりと加えた濃厚なおいしさです。

材料（2人分）

- 米　1合（180㎖）
  洗ってざるに上げ、かたく絞ったぬれ布巾をかけて30分おく（p.22参照）。
- 帆立貝柱　50g
  1cm角に切り、塩、こしょう各少々をまぶす。
- グリーンアスパラガス　2本
  根元を落とし、根元から半分ほどの長さまで皮をむく。2mm幅に切る。
- A
  - 洋風スープ*　220㎖
  - 白ワイン　大さじ1
- にんにくオイル（p.8参照）　小さじ1
- B
  - 熱い洋風スープ**　½カップ（100㎖）
  - 焦がしバター（p.9参照）　小さじ1
  - パルミジャーノ・レッジャーノ（p.12参照）　大さじ1
  - 塩　小さじ½
  - 粗びき黒こしょう　少々

*　チキンコンソメ粉末小さじ⅔、または固形⅔個を熱湯少々で溶き、水を加えて分量にする。
**　チキンコンソメ粉末小さじ⅓、または固形⅓個を熱湯½カップ（100㎖）で溶く。

① 鍋に材料を入れる
電子レンジ圧力鍋に米、Aを入れ、帆立貝、アスパラガス、にんにくオイルを加えて混ぜる。

② 電子レンジにかける
蒸し板で落しぶたをし、ふたをして電子レンジにかける。圧力が下がるまで放置する。

> 600Wの場合　13分かける→3分放置
> 500Wの場合　15分30秒かける→3分放置

③ 仕上げる
Bを加えてよく混ぜる。器に盛り、好みでチーズ（分量外）を混ぜ、粗びき黒こしょう（分量外）をふる。

PART 2　ごちそうご飯メニュー

材料（2人分）

米　1合（180㎖）
　洗ってざるに上げ、かたく絞ったぬれ布巾を
　かけて30分おく（p.22参照）。
生しいたけ　小2枚
　軸を落として薄切りにする。
しめじ　¼パック（25g）
　石づきを落としてほぐす。
A ┌ 洋風スープ*　220㎖
　 └ 白ワイン　大さじ1
にんにくオイル（p.8参照）　小さじ1
いため玉ねぎ（p.9参照）　25g
B ┌ 熱い洋風スープ**　½カップ（100㎖）
　 │ パルミジャーノ・レッジャーノ
　 │ （p.12参照）　大さじ1
　 │ 塩　小さじ½
　 └ 粗びき黒こしょう　少々

＊　チキンコンソメ粉末小さじ⅔、または固形⅔個を熱湯少々で溶き、水を加えて分量にする。
＊＊　チキンコンソメ粉末小さじ⅓、または固形⅓個を熱湯½カップ（100㎖）で溶く。

① 鍋に材料を入れる
電子レンジ圧力鍋に米、Aを入れ、しいたけ、しめじ、にんにくオイル、いため玉ねぎを加えて混ぜる。

② 電子レンジにかける
蒸し板で落しぶたをし、ふたをして電子レンジにかける。圧力が下がるまで放置する。

> 600Wの場合　13分かける→3分放置
> 500Wの場合　15分30秒かける→3分放置

③ 仕上げる
Bを加えてよく混ぜる。器に盛り、好みで粗びき黒こしょう（分量外）をふる。

きのこのリゾット

香りと味わい、食感の異なる2種のきのこを組み合わせました。
相乗効果でぐっと奥行きのあるおいしさに仕上がります。
きのこは食べやすく切ったエリンギ、マッシュルームなどを使ってもOK。

材料（作りやすい分量）*

- 米　2合（360㎖）
  洗ってざるに上げ、かたく絞ったぬれ布巾をかけて30分おく（p.22参照）。
- 鶏もも肉（皮なし）　½枚（120g）
  1cm角に切る。
- 油揚げ　½枚
  横半分に切って7mm幅に切る。
- 干ししいたけ**　1枚
  水に半日つけてもどし、軸を落として薄切りにする。
- ごぼう　¼本（40g）
  皮をこそげてささがきにし、水洗いをして水気をきる。
- A ┌ だし汁***　1¾カップ（350㎖）
  │ 酒、しょうゆ、みりん　各大さじ2
  └ 塩　少々
- 根三つ葉　4本
  3cm長さに切る。

＊　約3〜4人分。
＊＊　スライスした干ししいたけを水に20分ほどつけたものを使っても。
＊＊＊　和風だしのもと小さじ½を熱湯少々で溶き、水を加えて分量にする。

① 鍋に材料を入れる
電子レンジ圧力鍋に米、Aを入れ、鶏肉、油揚げ、しいたけ、ごぼうを加えて混ぜる。

② 電子レンジにかける
蒸し板で落しぶたをし、ふたをして電子レンジにかける。圧力が下がるまで放置する。

> 600Wの場合　18分かける→10分放置
> 500Wの場合　21分30秒かける→10分放置

③ 仕上げる
三つ葉を加え、さっくりと混ぜる。

 おすすめストック
和風だしのもと

五目炊込みご飯

おなじみの炊込みご飯も、ふっくら、つやつやに炊き上がります。
具のうまみがご飯一粒一粒にしみて、たまらないおいしさ。
具だくさんだから、炊いている間に簡単なおかずを用意すれば大丈夫。
おにぎりにするのもおすすめです。

PART 2　ごちそうご飯メニュー

豚肉の炊込みご飯

沖縄のジューシーという炊込みご飯をアレンジしました。
豚肉のこってりとしたうまみと、昆布の風味、野菜の甘さが口の中でふわっと広がります。
具はご飯とよくなじむよう、小さめに切りそろえるのがポイントです。

材料（作りやすい分量）*

- 米　2合（360㎖）
  洗ってざるに上げ、かたく絞ったぬれ布巾をかけて30分おく（p.22参照）。
- 豚肩ロース薄切り肉　100g
  5mm角に切る。
- 笹かまぼこ
  （またはかまぼこ）　1枚（40g）
  5mm角に切る。
- にんじん　1/3本（40g）
  皮をむき、5mm角に切る。
- ゆでたけのこ　小1/4個（40g）
  5mm角に切る。
- 昆布　8cm
  水1 3/4カップ（350㎖）に30分ほどつけ、昆布は5mm角に切る。つけ汁も昆布だしに使う。
- A ┌ しょうがのしぼり汁　小さじ2
    │ 酒、しょうゆ　各大さじ2
    └ 塩　少々
- 小松菜　1株
  5mm幅に切る。

*　約3～4人分。

① 鍋に材料を入れる
電子レンジ圧力鍋に米、昆布だし、Aを入れ、小松菜以外のすべての材料を加えて混ぜる。

② 電子レンジにかける
蒸し板で落しぶたをし、ふたをして電子レンジにかける。圧力が下がるまで放置する。

> 600Wの場合　18分かける→10分放置
> 500Wの場合　21分30秒かける→10分放置

③ 仕上げる
小松菜を加え、さっくりと混ぜる。

さつまいもと栗の炊きおこわ

うるち米ともち米を半量ずつ使って、独特の食感と味わいを堪能します。
さつまいもと栗の素朴な甘さが魅力のレシピです。栗は市販のむき栗を使うので、手早く簡単。

材料（作りやすい分量）*

米　1合（180㎖）
もち米　1合（180㎖）
　米ともち米を合わせ、洗ってざるに上げ、かたく絞ったぬれ布巾をかけて30分おく（p.22参照）。
さつまいも　100g
　皮をつけたまま1.5cm角に切り、水に5分ほどさらして水気をきる。
むき焼き栗　50g
　2cm角に切る。
A｢水　2カップ（400㎖）
　 酒　大さじ2
塩　小さじ1

＊　約3〜4人分。

おすすめストック
むき焼き栗

おいしさアップ！
もち米
餅や赤飯の原料となる、粘り気のある米。

① 鍋に材料を入れる
電子レンジ圧力鍋に米ともち米、Aを入れ、さつまいも、栗、塩を加えて混ぜる。

② 電子レンジにかける
蒸し板で落しぶたをし、ふたをして電子レンジにかける。圧力が下がるまで放置する。

> 600Wの場合　20分かける→10分放置
> 500Wの場合　24分かける→10分放置

③ 仕上げる
全体を混ぜて器に盛る。

PART 2　ごちそうご飯メニュー

材料（作りやすい分量）*

- もち米（p.30参照）　2合（360㎖）
  洗ってざるに上げ、かたく絞ったぬれ布巾をかけて30分おく（p.22参照）。
- チャーシュー（薄切り）　80g
  3cm角に切る。
- ゆでたけのこ　小½個（80g）
  長さを半分に切り、縦半分に切って縦に薄切りにする。
- ゆでたうずらの卵（殻をむく）　8個
- A ┌ チキンスープ**　1¾カップ（350㎖）
    │ しょうゆ、紹興酒（または酒）、みりん
    └ 　各大さじ2
- ねぎ＋しょうがオイル（p.9参照）　小さじ2
- 万能ねぎ（小口切り）　適宜

*　約3～4人分。
**　鶏ガラスープのもと小さじ2を熱湯少々で溶き、水を加えて分量にする。

① 鍋に材料を入れる
電子レンジ圧力鍋にもち米、Aを入れ、万能ねぎ以外のすべての材料を加えて混ぜる。

② 電子レンジにかける
蒸し板で落しぶたをし、ふたをして電子レンジにかける。圧力が下がるまで放置する。

> 600Wの場合　20分かける→10分放置
> 500Wの場合　24分かける→10分放置

仕上げる
③
全体を混ぜて器に盛り、万能ねぎを散らす。

おすすめストック
鶏ガラスープのもと

チャーシューとたけのこの中国風おこわ

電子レンジ圧力鍋は、もち米を炊くのも大得意。
もちもちでつやつやのご飯が、おいしく炊き上がります。ここでは、チャーシュー、
たけのこ、うずらの卵で甘辛いしょうゆ味の一品に仕上げました。

材料（作りやすい分量）＊

もち米（p.30参照） 2合（360㎖）
　洗ってざるに上げ、かたく絞ったぬれ
　布巾をかけて30分おく（p.22参照）。

ささげ　50g
　水洗いして水気をきる。

水　3カップ（600㎖）

塩　小さじ½

ごま塩（黒ごま＋塩）　適宜

＊　約3～4人分。

おいしさアップ！
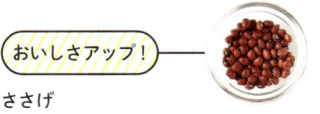
ささげ
赤飯に使われる豆。あずきを使う地域もある。

① **ささげを電子レンジにかける**
電子レンジ圧力鍋にささげ、水を入れる。蒸し板で落しぶたをし、ふたをして電子レンジにかける。圧力が下がるまで放置する。

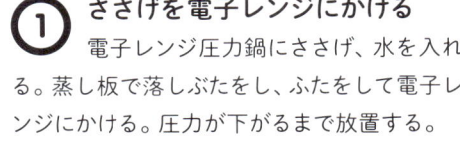

| 600Wの場合 | 15分かける→10分放置 |
| 500Wの場合 | 18分かける→10分放置 |

② **もう一度電子レンジにかける**
①にもち米、塩を加えて混ぜる。蒸し板で落しぶたをし、ふたをして電子レンジにかける。圧力が下がるまで放置する。

| 600Wの場合 | 15分かける→10分放置 |
| 500Wの場合 | 18分かける→10分放置 |

③ **仕上げる**
全体を混ぜて器に盛り、ごま塩をふる。

赤飯

お祝いごとや喜びごとがあった日に、おめでたい気持ちを込めて食卓に届けてみましょう。
ささげをゆでる、もち米と炊くのも、電子レンジ圧力鍋一台でらくらく調理。
一口かみしめるごとに、やさしい甘みが口いっぱいに広がります。

PART 2　ごちそうご飯メニュー

いか飯

おもてなしやお酒の締めにぴったりの一品です。甘辛く煮えたいかと
もちもちのご飯が、おいしくマッチ。鮮やかな切り口、見た目のキュートさも
大人気です。プロセスを一つずつ楽しみながら作ってみてください。

材料（作りやすい分量）*

もち米（p.30参照）　½カップ（100㎖）
　洗ってざるに上げ、かぶるくらいの水につ
　けて半日ほどおく。ざるに10分ほど上げ
　て水気をきる。

するめいか　2はい（500g）

A ┌ 酒　大さじ1
　└ しょうゆ　大さじ1

B ┌ だし汁**　1カップ（200㎖）
　│ 酒　大さじ4
　│ みりん　大さじ3
　└ 砂糖、しょうゆ　各大さじ1½

＊　約2〜3人分。
＊＊　和風だしのもと小さじ⅓を熱湯
少々で溶き、水を加えて分量にする。

下ごしらえ

① いかの胴と足を分ける
いかは胴と足のつながった部分をはず
し、内臓ごと足を引き抜く。

② 軟骨を取り、足を切る
胴は軟骨を取り除き、水洗いして水気
をふく。足はくちばしと目を切り落とし、吸盤
を包丁でこそげて5mm幅に切る。もち米、いか
の足、Aを混ぜ、いかの胴に等分に詰める。口を
つまようじで縫うようにとめる。

① 鍋に材料を入れる
電子レンジ圧力鍋にBを入れて混ぜ、
もち米を詰めたいかを加える。

② 電子レンジにかける
蒸し板で落しぶたをし、ふたをして電
子レンジにかける。圧力が下がるまで放置する。

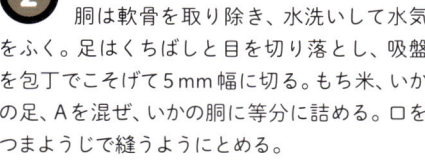

600Wの場合　20分かける→10分放置
500Wの場合　24分かける→10分放置

白米ご飯

毎日の食事に欠かせない、白いほかほかご飯。電子レンジ圧力鍋なら、いつでも手軽に炊くことができます。一度に2合分炊いて、おいしいうちに冷凍保存しておくのがおすすめです。

材料（作りやすい分量）*

米　2合（360㎖）
　洗ってざるに上げ、かたく絞ったぬれ布巾をかけて30分おく（p.22参照）。

水　440㎖

＊　6杯分。

電子レンジにかける

電子レンジ圧力鍋に米、水を入れる。蒸し板で落しぶたをし、ふたをして電子レンジにかける。圧力が下がるまで放置する。全体をさっくりと混ぜる。

　600Wの場合　13分かける→10分放置
　500Wの場合　15分30秒かける→10分放置

白米ご飯でもう三品！ 混ぜご飯3種　具を混ぜるだけで、ささっと完成！

わかめ＋じゃこご飯
材料（2人分）と作り方
❶ざるにちりめんじゃこ大さじ2を入れ、熱湯をかけて水気を絞る。
❷カットわかめ大さじ2を水につけてもどし、水気を絞って1cm角に切る。
❸炊き上がったご飯の⅓量に❶、❷を加えてさっくりと混ぜる。

明太子＋青じそご飯
材料（2人分）と作り方
❶からし明太子30gは薄皮を取ってほぐす。青じそ2枚はせん切りにする。
❷炊き上がったご飯の⅓量に❶を加えてさっくりと混ぜる。

サーモンのづけ混ぜご飯
材料（2人分）と作り方
❶耐熱容器に酒、みりん各小さじ1を入れて混ぜ、ラップをかけずに電子レンジ600Wに20秒（500Wの場合も20秒）かける。粗熱を取り、しょうゆ大さじ1を加えて混ぜる。
❷サーモン（刺し身用薄切り）80gは一口大に切り、❶に加えてからめる。
❸炊き上がったご飯の⅓量に❷、白いりごま小さじ⅓、万能ねぎ（小口切り）小さじ2を加えてさっくりと混ぜる。

PART 2　ごちそうご飯メニュー

七分がゆ

さらりとした口当りで消化がいいので、朝食や疲れたときにもおすすめです。
梅干しやたらこ、焼き鮭に三つ葉やせりなどの香りのものをトッピングしても美味。

材料（2人分）

米　½カップ（100㎖）
　洗ってざるに上げ、かたく絞ったぬれ
　布巾をかけて30分おく（p.22参照）。
水　3½カップ（700㎖）
塩　小さじ⅔

電子レンジにかける

電子レンジ圧力鍋に米、水を入れて混ぜる。蒸し板で落しぶたをし、ふたをして電子レンジにかける。圧力が下がるまで放置する。塩を加えて混ぜる。

> 600Wの場合　20分かける→3分放置
> 500Wの場合　24分かける→3分放置

七分がゆでもう一品！　**中華がゆ**　香り、歯ごたえのいい具をトッピング。

材料（2人分）と作り方

❶ピーナッツ大さじ1は粗く刻む。香菜は3cm長さに切る。味つけザーサイ（瓶詰）大さじ2は食べやすく切る。
❷炊き上がったおかゆに❶をのせ、ねぎ＋しょうがオイル（p.9参照）、こしょう各少々をかける。

おいしさアップ！

香菜
タイ料理などでよく使われる独特の香りの野菜。セロリの葉を使っても。

35

発芽玄米ご飯

発芽玄米は、玄米を発芽させたもので、中性脂肪を減らしたり、代謝をアップする働きがあります。独特の甘みと食感があるので、白米代りに食べたり、カレーなどをかけて食べたりするのがおすすめです。

材料（作りやすい分量）*
発芽玄米　1½合（270㎖）
　洗ってざるに上げ、かたく絞ったぬれ布巾をかけて30分おく（p.22参照）。
水　330㎖
塩昆布（市販）　適宜

＊　約2〜3人分。

おいしさアップ！
発芽玄米
玄米よりも炊きやすい。栄養価も優れている。

① 鍋に入れ、電子レンジにかける
電子レンジ圧力鍋に発芽玄米、水を入れて混ぜる。蒸し板で落しぶたをし、ふたをして電子レンジにかける。圧力が下がるまで放置する。

> 600Wの場合　18分かける→10分放置
> 500Wの場合　21分30秒かける→10分放置

② 仕上げる
さっくりと混ぜて器に盛り、塩昆布をのせる。

PART 2　ごちそうご飯メニュー

雑穀ご飯

ビタミン、ミネラル、食物繊維などが含まれた栄養満点のご飯です。
ブレンドされている雑穀はさまざまなので、好みのものを見つけましょう。
毎日の食事に取り入れると変化がついて楽しさもアップします。

材料（作りやすい分量）*

雑穀ミックス　½合（90㎖）

米　1½合（270㎖）
雑穀と米を合わせて洗い、ざるに上げる。かたく絞ったぬれ布巾をかけて30分おく（p.22参照）。

水　440㎖

＊　約3〜4人分。

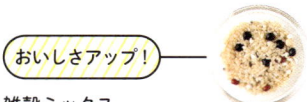

おいしさアップ！

雑穀ミックス
麦、豆、あわ、きび、ひえ、黒米などがブレンドされている。

① 鍋に入れ、電子レンジにかける
電子レンジ圧力鍋に雑穀と米、水を入れて混ぜる。蒸し板で落しぶたをし、ふたをして電子レンジにかける。圧力が下がるまで放置する。

600Wの場合　18分かける→10分放置
500Wの場合　21分30秒かける→10分放置

② 仕上げる
さっくりと混ぜて器に盛る。

PART 3

うまみを逃さず、スピード調理。
らくらく魚介おかず

電子レンジ圧力鍋を使えば、魚介の煮つけやシチューも
簡単＆おいしく作れます。
しかも焦げたり、かたくなったりの失敗なし。
材料の分量や調味料、電子レンジにかける時間さえ守れば、
とびっきりのメニューが作れます。
さっそく、今日のごはんに試してみて。

アクアパッツァ

もとは、水と白ワインで煮るイタリア料理。
シンプルだからこそ、素材のおいしさが引き立ちます。
ほろりと煮えた鯛、うまみたっぷりのあさり、
香りのいいにんにくオイルが絶妙のハーモニー。
鯛は鮮魚売り場でさばいてもらうと簡単です。

材料（2人分）

鯛　小1尾（350g）
　うろこと内臓を取り除き、身の厚い部分に2か
　所切込みを骨に当たるところまで入れる。塩小
　さじ½、こしょう少々をすり込む。

殻つきあさり　100g
　水1カップ＋塩小さじ1の塩水に1時間浸し、
　塩少々をつけて殻どうしをこすり洗いする。

ミニトマト　4個
　へたを取って横半分に切る。

ケイパー（p.13参照）　小さじ2

A［水　¼カップ（50mℓ）
　　白ワイン　大さじ2

にんにくオイル（p.8参照）　小さじ2

塩、こしょう　各少々

イタリアンパセリ（p.10参照）　適宜

① 鍋に材料を入れる
電子レンジ圧力鍋に鯛、あさり、Aを入れ、にんにくオイルを加える。

PART 3 らくらく魚介おかず

② 電子レンジにかける
蒸し板で落しぶたをし、ふたをして電子レンジにかける。圧力が下がるまで放置する。

③ もう一度電子レンジにかける
ミニトマト、ケイパーを加える。再び蒸し板で落しぶたをし、ふたをして電子レンジにかける。圧力が下がるまで放置する。

④ 仕上げる
塩、こしょうを加えて味を調え、イタリアンパセリをのせる。

600Wの場合
　10分かける→5分放置

500Wの場合
　12分かける→5分放置

600Wの場合
　3分かける→5分放置

500Wの場合
　3分30秒かける→5分放置

たこのトマト煮

普通の鍋で煮るとかたくなってしまいがちなたこも、この鍋を使えばOK。
ほどよく、ぷりっとした口当たりに仕上がります。
ガーリックトーストにのせたり、パスタにからめたりするのもおすすめ。

材料（2人分）

ゆでだこの足　280g
　足先を切り落とし、1.5cm幅に切る。
トマトの水煮（缶詰。カットタイプ）　250g
黒オリーブ（p.13参照）　6個
にんにくオイル（p.8参照）　小さじ1
いため玉ねぎ（p.9参照）　50g
塩　小さじ2/3
こしょう　少々
イタリアンパセリ
　（みじん切り。p.10参照）　適宜

① 鍋に材料を入れる
電子レンジ圧力鍋にたこ、トマトを入れ、イタリアンパセリ以外のすべての材料を加えて混ぜる。

② 電子レンジにかける
蒸し板で落しぶたをし、ふたをして電子レンジにかける。圧力が下がるまで放置する。

> 600Wの場合　15分かける→5分放置
> 500Wの場合　18分かける→5分放置

③ 仕上げる
器に盛ってイタリアンパセリを散らす。

たらのナッツ煮込み

淡泊なたらを生クリーム＋いため玉ねぎでこっくりと濃厚な味に仕上げました。ナッツの香ばしさと口当り、レーズンのさわやかな酸味がおいしいアクセント。おもてなしや週末ごはんにもぴったり。

材料（2人分）
- 生だら　2切れ（200g）
  - 塩小さじ½、こしょう少々をまぶして10分ほどおき、水気をふく。
- ミックスナッツ（ロースト）　大さじ2
  - 粗く刻む。
- レーズン　大さじ1
- A ┌ 洋風スープ*　½カップ（100mℓ）
  　├ 生クリーム　80mℓ
  　└ 白ワイン　大さじ2
- 焦がしバター（p.9参照）　小さじ1
- いため玉ねぎ（p.9参照）　50g
- 塩、こしょう　各少々

＊　チキンコンソメ粉末小さじ⅓、または固形⅓個を熱湯少々で溶き、水を加えて分量にする。

おいしさアップ！
レーズン
完熟したぶどうの果実を乾燥させたもの。

① 鍋に材料を入れる
電子レンジ圧力鍋にたら、Aを入れ、残りの材料をすべて加えて混ぜる。

② 電子レンジにかける
蒸し板で落しぶたをし、ふたをして電子レンジにかける。圧力が下がるまで放置する。

> 600Wの場合　10分かける→5分放置
> 500Wの場合　12分かける→5分放置

③ 仕上げる
器にたらを盛り、煮汁をよく混ぜてかける。

材料（2人分）

- めかじき　小2切れ（120g）
- じゃがいも　1個（150g）
  皮をむいて8mm厚さの輪切りにし、水にさらして水気をきる。
- ゆで卵（輪切り）　1個分
- レタス　3枚
  一口大にちぎる。
- トマト　1個
  縦半分に切ってへたを取り、四つ割りにする。
- アンチョビー（フィレ。p.10参照）　2枚
  細切りにする。
- 黒オリーブ（p.13参照）　8個
- 水　1¼カップ（250ml）
- A ┌ ローリエ　1枚
　　│ 塩、砂糖　各小さじ1
　　└ こしょう　少々
- マヨネーズ　大さじ1
- フレンチドレッシング（市販）　大さじ2

おいしさアップ！
ローリエ
月桂樹の葉を乾燥させたもの。煮込みやスープに使う。

① 鍋に材料を入れる
電子レンジ圧力鍋にめかじき、水を入れ、Aを加える。蒸し板にじゃがいもをのせて鍋に入れてふたをする。

② 電子レンジにかける
電子レンジにかけ、冷めるまで放置する。

> 600Wの場合　5分かける→20分放置
> 500Wの場合　6分かける→20分放置

③ 仕上げる
器にレタス、めかじきを盛り、じゃがいも、ゆで卵、トマトを添える。アンチョビー、オリーブを散らし、マヨネーズをしぼる。フレンチドレッシングをかけて食べる。

ニース風サラダ

めかじきとじゃがいもを同時に電子レンジで加熱すれば、スタンバイOK。
めかじきは風味満点のツナになり、じゃがいもはほくほくに蒸し上がります。
それと生野菜を盛り合わせれば、ボリューム満点の本格サラダが完成！

あさりの具だくさんチャウダー

市販のホワイトソース缶を使ってお手軽＆簡単に。
野菜を全部薄く切れば、スピーディに火が通るし、とろりとなめらかに仕上がります。
クリーミーでリッチなおいしさを楽しみましょう。

材料（2人分）

殻つきあさり　150g
水1カップ＋塩小さじ1の塩水に1時間浸し、塩少々をつけて殻どうしをこすり洗いする。

じゃがいも　½個（80g）
皮をむいて1cm角の薄切りにし、水にさらして水気をきる。

にんじん　⅓本（40g）
皮をむき、1cm角の薄切りにする。

玉ねぎ　大¼個（60g）
1cm角の薄切りにする。

A ┌ 洋風スープ*　1½カップ（300㎖）
　　└ ホワイトソース（缶詰）　150g

焦がしバター（p.9参照）　小さじ1

塩、こしょう　各少々

イタリアンパセリ
（粗みじん切り。p.10参照）　適宜

＊ チキンコンソメ粉末小さじ1、または固形1個を熱湯少々で溶き、水を加えて分量にする。

① 鍋に材料を入れる
電子レンジ圧力鍋にあさり、じゃがいも、にんじん、玉ねぎ、Aを入れ、焦がしバターを加えて混ぜる。

② 電子レンジにかける
蒸し板で落しぶたをし、ふたをして電子レンジにかける。圧力が下がるまで放置する。

> 600Wの場合　10分かける→5分放置
> 500Wの場合　12分かける→5分放置

③ 仕上げる
塩、こしょうを加えて味を調え、器に盛ってイタリアンパセリをのせる。

おすすめストック　ホワイトソース缶

鮭のチャンチャン焼き風

北海道の郷土料理をおいしくアレンジしました。本来は鉄板の上で作りますが、この鍋を使えば簡単だし、失敗知らず！ 野菜を電子レンジにかけながら、蒸し板に鮭をのせて同時に調理します。白いご飯のおかずにぴったり。

材料（2人分）

- 生鮭　2切れ（200g）
- じゃがいも　½個（80g）
  皮をむいて薄いいちょう切りにし、水にさらして水気をきる。
- にんじん　3cm（30g）
  皮をむき、薄いいちょう切りにする。
- キャベツ　2枚（100g）
  3〜4cm角に切る。
- ホールコーン（缶詰）　大さじ2
  缶汁をきる。
- A ┌ みそ　大さじ1
    │ しょうゆ　小さじ1
    └ 焦がしバター（p.9参照）　小さじ2
- だし汁*　¼カップ（50ml）
- 塩、こしょう　各少々
- 万能ねぎ（斜め切り）　適宜

* 和風だしのもと少々を熱湯少々で溶き、水を加えて分量にする。

① 調味料を合わせて鮭にからめる

ボウルにAを入れて混ぜ、半量を鮭にからめて蒸し板にのせる。残りのAはだし汁を加えて混ぜる。

② 鍋に材料を入れる

電子レンジ圧力鍋にじゃがいも、にんじん、キャベツ、コーンを入れ、①のだし汁を混ぜみそを加えて混ぜる。蒸し板にのせた鮭を鍋に入れる。

③ 電子レンジにかける

ふたをして電子レンジにかける。圧力が下がるまで放置する。

> 600Wの場合　10分かける→5分放置
> 500Wの場合　12分かける→5分放置

④ 仕上げる

野菜に塩、こしょうを加えて混ぜ、味を調えて器に盛る。鮭をのせて万能ねぎを散らす。

PART 3　らくらく魚介おかず

材料（2人分）

- さば（三枚おろし）　2切れ（240g）
  ボウルに入れてかぶるくらいの熱湯をかけ、1分ほどおいて水気をきる。
- 蓮根　小½節（60g）
  皮をむいて5mm厚さのいちょう切りにし、酢小さじ1＋水1カップ（200ml）の酢水にさらして水気をきる。
- しょうが（薄切り）　2枚
- A ┌ だし汁*　½カップ（100ml）
    │ 酒、みりん　各大さじ2
    └ みそ　大さじ1
- 長ねぎ（せん切り）　適宜

＊　和風だしのもと少々を熱湯少々で溶き、水を加えて分量にする。

① 蓮根を電子レンジにかける

電子レンジ圧力鍋に水¼カップ（50ml）を入れ、蒸し板をセットする。蓮根をのせ、ふたをして電子レンジにかける。圧力が下がるまで放置する。

> 600Wの場合　5分かける→3分放置
> 500Wの場合　6分かける→3分放置

② 鍋に材料を入れて電子レンジにかける

蓮根を取り出して鍋の水気をきる。電子レンジ圧力鍋にAを入れて混ぜ、さば、蓮根、しょうがを加える。蒸し板で落しぶたをし、ふたをして電子レンジにかける。圧力が下がるまで放置する。

> 600Wの場合　6分かける→5分放置
> 500Wの場合　7分かける→5分放置

③ 仕上げる

器にさばを盛って蓮根を添え、煮汁をかけてねぎをのせる。

さばのみそ煮

さばは熱湯をかけて湯引きをするとくせがなくなり、味もぐっとしみ込みやすくなります。
一緒に煮た蓮根のしゃりしゃりとした口当たりも楽しい、おいしい。

45

いわしの梅煮

昔ながらのおばあちゃんの味。梅干しを入れた煮汁でいわしを煮て、さっぱりとした中にも、うまみもたっぷり。いわしは鮮魚売り場でさばいてもらうと簡単です。

材料（2人分）
いわし＊　小6尾（600g）
　うろこを取り、頭と内臓を取り除く。水洗いして水気をふく。ボウルに入れてかぶるくらいの熱湯をかけ、1分ほどおいて水気をきる。

梅干し　2個

A ┌ だし汁＊＊　¾カップ（150mℓ）
　│ 酒　大さじ2
　└ みりん、しょうゆ　各大さじ1

しょうが（せん切り）　適宜

＊　鍋に入るように、頭を落として15cm長さ以下になるものを選ぶ。
＊＊　和風だしのもと少々を熱湯少々で溶き、水を加えて分量にする。

① 鍋に材料を入れる
電子レンジ圧力鍋にAを入れて混ぜ、いわし、梅干しを加える。

② 電子レンジにかける
蒸し板で落しぶたをし、ふたをして電子レンジにかける。圧力が下がるまで放置する。

> 600Wの場合　10分かける→5分放置
> 500Wの場合　12分かける→5分放置

③ 仕上げる
器にいわしを盛って梅干しを添え、煮汁をかけてしょうがをのせる。

ぶり大根

ぶりが旬の寒い時期に一度は食べたい、定番煮物。
ぶりのうまみとコクが大根にじんわりしみて、こたえられないおいしさです。
大根はあらかじめ電子レンジにかけて、やわらかくしておくのが失敗しないコツ。

PART 3　らくらく魚介おかず

材料（2人分）
- ぶり　2切れ（200g）
  - 長さを3等分に切る。ボウルに入れてかぶるくらいの熱湯をかけ、1分ほどおいて水気をきる。
- 大根　1/6本（200g）
  - 皮をむき、1cm幅の半月切りにする。
- しょうが（薄切り）　2枚
- A　だし汁*　1カップ（200mℓ）
  　酒、しょうゆ　各大さじ2
  　砂糖、みりん　各大さじ1
- 大根の葉（小口切り）　適宜

＊　和風だしのもと小さじ1/3を熱湯少々で溶き、水を加えて分量にする。

① 大根を電子レンジにかける
電子レンジ圧力鍋に水1/4カップ（50mℓ）を入れ、蒸し板をセットする。大根をのせ、ふたをして電子レンジにかける。圧力が下がるまで放置する。

- 600Wの場合　5分かける→5分放置
- 500Wの場合　6分かける→5分放置

② 鍋に材料を入れる
大根を取り出して鍋の水気をきる。電子レンジ圧力鍋にAを入れて混ぜる。ぶり、大根、しょうがを加える。

③ 電子レンジにかける
蒸し板で落しぶたをし、ふたをして電子レンジにかける。圧力が下がるまで放置する。

- 600Wの場合　6分かける→5分放置
- 500Wの場合　7分かける→5分放置

④ 仕上げる
器に盛り、大根の葉をのせる。

材料（2人分）

えび　150g
　背に切込みを入れて背わたを取り、足を取り除く。
えのきだけ　1袋（80g）
　根元を落として長さを半分に切り、ほぐす。
長ねぎ（みじん切り）　大さじ1
にんにくオイル（p.8参照）　小さじ1
ねぎ＋しょうがオイル（p.9参照）　小さじ1
チキンスープ*　½カップ（100㎖）
A ┌ トマトケチャップ　大さじ3
　└ かたくり粉、豆板醤　各小さじ1
塩、こしょう　各少々
万能ねぎ（小口切り）　適宜

＊　鶏ガラスープのもと小さじ½を熱湯少々で溶き、水を加えて分量にする。

おいしさアップ！
豆板醤
そら豆を原料にして作った中国のピリ辛みそ。

① 鍋に材料を入れる
電子レンジ圧力鍋にえび、えのきだけ、チキンスープを入れ、ねぎ、にんにくオイル、ねぎ＋しょうがオイル、Aを加えて混ぜる。

② 電子レンジにかける
蒸し板で落しぶたをし、ふたをして電子レンジにかける。圧力が下がるまで放置する。

> 600Wの場合　8分かける→5分放置
> 500Wの場合　9分30秒かける→5分放置

③ 仕上げる
塩、こしょうを加えて混ぜ、味を調える。器に盛って万能ねぎを散らす。

えびのチリソースいため

大人気の中国風おかずも、この鍋で手早く、おいしく作れます。
材料の下ごしらえをしたら、調味料と一緒に鍋に入れて電子レンジにかけるだけ。
えびのぷりっとした口当り、ほんのり甘くて辛みのきいたソースが格別の味わいです。

PART 3　らくらく魚介おかず

材料（2人分）

- あじ　2尾（360g）
  うろこを取り、頭と内臓を取って水洗いし、水気をふいて3等分の筒切りにする。ボウルに入れてかぶるくらいの熱湯をかけ、1分ほどおいて水気をきる。
- ゆでたけのこ　60g
  縦に5mm幅に切る。
- 青梗菜　1株
  葉と茎に切り分け、葉は長さを半分に切り、茎は縦に1cm幅に切る。
- しょうが（薄切り）　2枚
- A ┌ チキンスープ*　¾カップ（150mℓ）
  │ 紹興酒（または酒）　大さじ2
  │ 砂糖、しょうゆ　各大さじ1
  └ 五香粉　小さじ⅓

＊　鶏ガラスープのもと小さじ¾を熱湯少々で溶き、水を加えて分量にする。

おいしさアップ！
五香粉（ウーシャンフェン）
シナモン、丁字、ういきょう、八角などを混ぜた香辛料。

① 鍋に材料を入れる
電子レンジ圧力鍋にAを入れて混ぜ、あじ、ゆでたけのこ、青梗菜の茎の部分、しょうがを加える。

② 電子レンジにかける
蒸し板で落しぶたをし、ふたをして電子レンジにかける。圧力が下がるまで放置する。

> 600Wの場合　10分かける→5分放置
> 500Wの場合　12分かける→5分放置

③ 仕上げる
青梗菜の葉を加えてさっと混ぜる。

あじの中国風煮物

あじ、青梗菜、ゆでたけのこを甘辛い中国風の味つけで煮ました。
おいしい秘密は、五香粉という中国料理に欠かせないブレンドスパイスを加えること。
甘みや独特の風味が加わって、絶品の味に仕上がります。

帆立と野菜の中国風煮込み

やさしい淡泊な味わいの帆立とかぶを、甘辛しょうゆ味でめりはりのある味に仕上げました。
ビタミン、ミネラル豊富なかぶの葉も捨てずに賢く使いましょう。
色合いとほろ苦さが料理のアクセントになります。

材料（2人分）
帆立貝柱　6個（200g）
　8mm厚さに切る。
かぶ　2個（160g）
　皮をむき、5mm厚さの輪切りにする。
かぶの葉　25g
　3cm長さに切る。
A ┌ チキンスープ*　¾カップ（150ml）
　│ 紹興酒（または酒）、しょうゆ　各大さじ1
　└ 砂糖　小さじ1
ねぎ＋しょうがオイル（p.9参照）　小さじ1
塩、こしょう　各少々

＊　鶏ガラスープのもと小さじ¾を熱湯少々で溶き、水を加えて分量にする。

① 鍋に材料を入れる
電子レンジ圧力鍋に帆立、かぶ、かぶの葉、Aを入れ、ねぎ＋しょうがオイルを加えて混ぜる。

② 電子レンジにかける
蒸し板で落しぶたをし、ふたをして電子レンジにかける。圧力が下がるまで放置する。

> 600Wの場合　6分かける→3分放置
> 500Wの場合　7分かける→3分放置

③ 仕上げる
塩、こしょうを加えて混ぜ、味を調える。

PART 3　らくらく魚介おかず

かれいのエスニック煮

「いつもと一味違う、魚の煮つけが食べたい」というときはこれ！
かれいとしめじ、セロリをスープとレモンでさっぱりと仕上げます。
にんにくオイルを加えてパンチをきかせるのも、おいしいポイント。

材料（2人分）

かれい　2切れ（240g）
皮目に×の切込みを骨に当たるところまで入れる。ボウルに入れてかぶるくらいの熱湯をかけ、1分ほどおいて水気をきる。

しめじ　1/3パック（30g）
石づきを落としてほぐす。

セロリ　小1/2本（40g）
筋を取って5mm幅の斜め切りにする。

レモン（輪切り）　2枚

A ┌ チキンスープ*　3/4カップ（150mℓ）
　├ 酒　大さじ2
　└ ナンプラー**　小さじ2

にんにくオイル（p.8参照）　小さじ1

万能ねぎの細い部分　適宜

＊　鶏ガラスープのもと小さじ3/4を熱湯少々で溶き、水を加えて分量にする。
＊＊　魚で作ったタイのしょうゆ。しょうゆ大さじ1に代えても。

① 鍋に材料を入れる
電子レンジ圧力鍋にAを入れて混ぜ、かれい、しめじ、セロリ、にんにくオイルを加えてレモンをのせる。

② 電子レンジにかける
蒸し板で落しぶたをし、ふたをして電子レンジにかける。圧力が下がるまで放置する。

> 600Wの場合　8分かける→5分放置
> 500Wの場合　9分30秒かける→5分放置

③ 仕上げる
器に盛り、万能ねぎを添える。

PART 4

やわらかに煮えて、うまみもじんわり。
とびっきり肉おかず

みんなが大好きな角煮やカレー、
煮込みハンバーグもこの鍋を使えば、お手軽＆スピーディ。
味ももちろん、保証済みです。
普通の鍋だと時間のかかるかたまり肉も短時間調理でOK。
箸でほろりとくずれるほど煮えて、
中までしっかりと味がしみ込みます。
毎日のごはん作りやおもてなしに、ぜひ活用してみましょう。

豚肉の角煮

豚肉は一度水と電子レンジにかけ、やわらかくしてから
味つけをするのがコツ。肉の中まで味がしみ、
格別の味に仕上がります。ついつい箸がのびるおいしさ。

材料（2人分）
豚肩ロースかたまり肉　300g
　8等分に切る。
ゆで卵*　2個
青梗菜　1株
　4cm長さに切る。
A ┌ だし汁**　¾カップ（150ml）
　├ 酒、みりん、しょうゆ　各大さじ2
　├ 砂糖　大さじ1
　└ ねぎ＋しょうがオイル（p.9参照）　小さじ1
練りからし　適宜

＊　普通の鍋に卵、かぶるくらいの水を入れて中火に
かけ、静かに転がしながらゆでる。沸騰したら弱火にし
て12分ほどゆで、水にとって冷まし、殻をむく。
＊＊　和風だしのもと小さじ¼を熱湯少々で溶き、水
を加えて分量にする。

① 鍋に豚肉、水を入れて電子レンジにかける

電子レンジ圧力鍋に豚肉、水2カップ（400ml）を入れ、蒸し板で落しぶたをし、ふたをして電子レンジにかける。圧力が下がるまで放置する。

> 600Wの場合
> 　20分かける→10分放置
> 500Wの場合
> 　24分かける→10分放置

PART 4　とびっきり肉おかず　豚肉

② もう一度電子レンジにかける

豚肉を取り出してゆで汁を捨て、鍋を洗う。再び電子レンジ圧力鍋に豚肉、Aを入れて混ぜる。蒸し板で落しぶたをし、ふたをして電子レンジにかける。圧力が下がるまで放置する。

> 600Wの場合
> 　10分かける→3分放置
> 500Wの場合
> 　12分かける→3分放置

③ 仕上げる

豚肉を裏返し、ゆで卵、青梗菜を加える。再び落しぶたをし、ふたをして30分以上おく。途中、一度上下を返す。練りからしを添える。

53

スペアリブのバルサミコ酢煮

うまみたっぷりのスペアリブをはちみつ、しょうゆ、バルサミコ酢と一緒に煮ました。バルサミコ酢は加熱すると酸味が飛び、まろやかな味わいになります。ワンランク上のおいしさを、しみじみ味わって。

材料（2人分）
豚スペアリブ　500g
パプリカ（黄）　½個（60g）
　縦に7mm幅に切る。
なす　1本
　へたを切り落とし、縦半分に切って縦に5mm幅に切る。
いため玉ねぎ（p.9参照）　50g
洋風スープ*　2カップ（400㎖）
A ┌ バルサミコ酢　大さじ3
　├ 白ワイン　大さじ2
　├ しょうゆ　大さじ2
　└ はちみつ　大さじ1
塩、こしょう　各少々

＊　チキンコンソメ 粉末小さじ1、または固形1個を熱湯少々で溶き、水を加えて分量にする。

おいしさアップ！
バルサミコ酢
イタリア原産の醸造酢で、ぶどう果汁にワインを加えたもの。

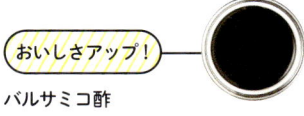

① 鍋にスペアリブ、スープを入れて電子レンジにかける
電子レンジ圧力鍋にスペアリブ、洋風スープを入れ、蒸し板で落しぶたをし、ふたをして電子レンジにかける。圧力が下がるまで放置する。

- 600Wの場合　20分かける→10分放置
- 500Wの場合　24分かける→10分放置

② もう一度電子レンジにかける
アクと脂を取ってスペアリブを返し、A、いため玉ねぎを加えて混ぜ、パプリカ、なすをのせる。蒸し板で落しぶたをし、ふたをして電子レンジにかける。圧力が下がるまで放置。

- 600Wの場合　10分かける→10分放置
- 500Wの場合　12分かける→10分放置

③ 仕上げる
塩、こしょうを加えて混ぜ、味を調える。

PART 4 とびっきり肉おかず 豚肉

材料（2人分）
- 豚肉（カレー、シチュー用） 200g
  - 塩、こしょう各少々をまぶす。
- じゃがいも 1個（150g）
  - 皮をむいて8等分に切り、水にさらして水気をきる。
- にんじん ½本（60g）
  - 皮をむき、一口大の乱切りにする。
- 洋風スープ＊ 2カップ（400㎖）
- A ┌ にんにくオイル（p.8参照） 小さじ1
  │ いため玉ねぎ（p.9参照） 50g
  └ カレーフレーク（p.19参照） 100g
- 塩、こしょう 各少々
- ご飯、ピクルス 各適宜

＊ チキンコンソメ粉末小さじ1、または固形1個を熱湯少々で溶き、水を加えて分量にする。

① 鍋に材料を入れ、電子レンジにかける
電子レンジ圧力鍋に豚肉、じゃがいも、にんじん、洋風スープを入れて混ぜる。蒸し板で落しぶたをし、ふたをして電子レンジにかける。圧力が下がるまで放置する。

> 600Wの場合　15分かける→10分放置
> 500Wの場合　18分かける→10分放置

② もう一度電子レンジにかける
Aを加えて混ぜ、蒸し板で落しぶたをし、ふたをして電子レンジにかける。圧力が下がるまで放置する。

> 600Wの場合　3分かける→3分放置
> 500Wの場合　3分30秒かける→3分放置

③ 仕上げる
塩、こしょうを加えて混ぜ、味を調える。器にご飯を盛ってカレーをかけ、ピクルスを添える。

ポークカレー

大ぶりの豚肉、じゃがいも、にんじんを煮た、おうちならではのカレーです。
コンロで作ると長時間かかりますが、この鍋なら30分ほどで完成！
白いご飯によく合うおいしさです。

塩豚でスープ&サラダ

塩豚とは、豚バラ肉のかたまりに塩とハーブをまぶして冷蔵庫で熟成させたもの。
それと野菜を電子レンジにかけるだけで、ごちそうメニューが二品完成します。
煮汁はうまみたっぷりのスープに、豚肉と野菜はおかずサラダに大変身!

材料（2人分）
豚バラかたまり肉　300g
　竹串で穴をあけ、塩、ミックスハーブ*
　各小さじ1、こしょう少々をまぶす。網
　にのせて冷蔵庫に半日おく。
玉ねぎ　1/2個（100g）
にんじん　1/2本（60g）
　皮をむく。
洋風スープ**　2 1/2カップ（500ml）
にんにくオイル（p.8参照）　小さじ1
塩、こしょう　各少々
レタス　1〜2枚（20g）
　食べやすくちぎる。
ミニトマト　2個
イタリアンパセリ（みじん切り。
　p.10参照）　適宜

＊　オレガノ、ローズマリー（各乾燥）を混ぜて分量にする。
＊＊　チキンコンソメ粉末小さじ1 1/2、または固形1 1/2個を熱湯少々で溶き、水を加えて分量にする。

おいしさアップ!

オレガノ（乾燥）
シソ科のすがすがしい香りのハーブ。

ローズマリー（乾燥）
甘い芳香とほろ苦さが特徴のハーブ。

① 鍋に材料を入れる
電子レンジ圧力鍋に豚肉、玉ねぎ、にんじん、洋風スープを入れ、にんにくオイルを加えて混ぜる。

② 電子レンジにかける
蒸し板で落しぶたをし、ふたをして電子レンジにかける。圧力が下がるまで放置。

> 600Wの場合　20分かける→10分放置
> 500Wの場合　24分かける→10分放置

③ 仕上げる
塩、こしょうを加えて混ぜ、味を調える。豚肉、玉ねぎ、にんじんは食べやすく切って器に盛り、レタス、ミニトマトを添える。煮汁は別の器に盛り、イタリアンパセリをふる。

PART 4　とびっきり肉おかず　豚肉

材料（2人分）
豚バラ薄切り肉　60g
　3cm長さに切る。
かぼちゃ　60g
　わたと種を取り除き、5mm厚さに切る。
ごぼう　1/3本（60g）
　皮をこそげて薄い斜め切りにし、水洗いして水気をきる。
だし汁*　2カップ（400mℓ）
ねぎ＋しょうがオイル（p.9 参照）　小さじ1
みそ　大さじ2
長ねぎ（小口切り）　3cm分
一味とうがらし　適宜

*　和風だしのもと小さじ2/3を熱湯少々で溶き、水を加えて分量にする。

① 鍋に材料を入れる
電子レンジ圧力鍋に豚肉、かぼちゃ、ごぼう、だし汁を入れ、ねぎ＋しょうがオイルを加えて混ぜる。

② 電子レンジにかける
蒸し板で落しぶたをし、ふたをして電子レンジにかける。圧力が下がるまで放置する。

600Wの場合　8分かける→3分放置
500Wの場合　9分30秒かける→3分放置

③ 仕上げる
みそを溶き入れて器に盛り、ねぎを添えて一味とうがらしをふる。

豚汁

みそは最後に加えて、香りとうまみを生かします。
最初からみそを入れて電子レンジにかけると野菜がやわらかくならないので注意しましょう。
豚肉のコク、野菜の甘みが汁に溶け出て、感激のおいしさに仕上がります。

材料（2人分）

豚バラ薄切り肉　200g
少しずつ重ねて縦長に並べ、塩、こしょう各少々をふってにんにくオイル（p.8参照）小さじ1をぬる。タイム（みじん切り）、イタリアンパセリ（みじん切り。p.10参照）各½本分を散らし、端からくるくると巻く。

ズッキーニ　½本（60g）
7mm幅の棒状に切る。

パプリカ（赤）　½個（60g）
縦に7mm幅に切ってズッキーニと合わせ、にんにくオイル（p.8参照）小さじ1、塩、こしょう各少々をまぶす。

タイム、イタリアンパセリ（各みじん切り）
各½本分

おいしさアップ！

タイム
独特の強い香りが特徴のハーブ。肉料理やシチューに使う。

① 鍋に材料を入れる
電子レンジ圧力鍋に水¼カップ（50㎖）を入れ、蒸し板をセットして豚肉、ズッキーニ、パプリカを並べる。

② 電子レンジにかける
ふたをして電子レンジにかける。圧力が下がるまで放置する。

- 600Wの場合　5分かける→10分放置
- 500Wの場合　6分かける→10分放置

③ 仕上げる
豚肉は8mm厚さに切って器に盛る。ズッキーニ、パプリカを添え、タイム、イタリアンパセリを野菜に散らす。

豚バラ肉のハーブ巻き蒸し

豚薄切り肉にタイム、イタリアンパセリを散らしてくるくると巻き、
カラフルな野菜と一緒に蒸し煮にしました。おもてなしやパーティにもぴったり。
テーブルをパッと華やかに演出できます。

PART 4 とびっきり肉おかず 豚肉

豚肉と野菜の煮込み クスクス添え

煮くずれたトマトの酸味と甘みが豚肉やかぶ、クスクスにおいしくからみます。コク出しの決め手は、なんといってもクミン＋コリアンダーオイル。エスニックなテイストが加わって、奥深い味わいに仕上がります。

材料（2人分）

豚肩ロースかたまり肉　200g
　一口大に切り、塩、こしょう各少々をまぶす。

玉ねぎ　¼個（50g）
　1.5cm角に切る。

にんじん　4cm（40g）
　皮をむき、1.5cm角に切る。

トマト　小1個（150g）
　2cm角に切る。

かぶ　1個（80g）
　茎を少し残して皮をむき、四つ割りにする。

クスクス　80g
洋風スープ*　2カップ（400㎖）
にんにくオイル（p.8参照）　小さじ1
クミン＋コリアンダーオイル（p.8参照）
**　小さじ1**
塩　小さじ⅔
こしょう　少々

＊　チキンコンソメ粉末小さじ1、または固形1個を熱湯少々で溶き、水を加えて分量にする。

① 鍋に材料を入れる
電子レンジ圧力鍋に豚肉、玉ねぎ、にんじん、洋風スープを入れ、にんにくオイル、クミン＋コリアンダーオイルを加えて混ぜる。

② 電子レンジにかける
蒸し板で落しぶたをし、ふたをして電子レンジにかける。圧力が下がるまで放置する。

> 600Wの場合　10分かける→5分放置
> 500Wの場合　12分かける→5分放置

③ もう一度電子レンジにかける
トマト、かぶ、クスクス、塩、こしょうを加えて混ぜる。蒸し板で落しぶたをし、ふたをして電子レンジにかける。圧力が下がるまで放置する。

> 600Wの場合　3分かける→5分放置
> 500Wの場合　3分30秒かける→5分放置

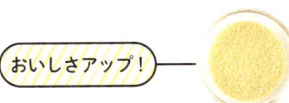

おいしさアップ！
クスクス
セモリナ粉を水で練ってそぼろ状にしたパスタの一種。

59

チキンと野菜のトマト煮

骨つきチキンのうまみ、トマトの酸味と甘みがおいしくからみます。
鍋に一緒に加えた、にんにくオイルといため玉ねぎの効果を実感！
油のコク、香味野菜の香りが加わって、絶品煮込み料理の完成です。

材料（2人分）
鶏骨つきぶつ切り肉　350g
パプリカ（赤）　½個（60g）
　一口大の乱切りにする。
ピーマン　1個（30g）
　縦半分に切ってへたと種を取り除き、
　斜め半分に切る。
黒オリーブ（p.13参照）　6個
トマトの水煮（缶詰。カットタイプ）　400g
にんにくオイル（p.8参照）　小さじ1
いため玉ねぎ（p.9参照）　50g
塩　小さじ⅔
こしょう　少々

① 鍋に材料を入れる
電子レンジ圧力鍋に鶏肉、パプリカ、ピーマン、オリーブ、トマトを入れ、にんにくオイル、いため玉ねぎを加えて混ぜる。

② 電子レンジにかける
蒸し板で落しぶたをし、ふたをして電子レンジにかける。圧力が下がるまで放置する。

600Wの場合	10分かける→5分放置
500Wの場合	12分かける→5分放置

③ 仕上げる
塩、こしょうを加えて混ぜ、味を調える。

PART 4　とびっきり肉おかず　鶏肉

材料（2人分）

- 鶏もも肉　1枚（250g）
  - 3cm角に切る。
- じゃがいも　1個（150g）
  - 皮をむいて乱切りにし、水にさらして水気をきる。
- にんじん　½本（60g）
  - 皮をむいて乱切りにする。
- ホールコーン（缶詰）　30g
  - 缶汁をきる。
- ホワイトソース（缶詰）　1缶（290g）
- 洋風スープ*　½カップ（100㎖）
- 焦がしバター（p.9参照）　小さじ1
- 塩、こしょう　各少々

＊　チキンコンソメ粉末小さじ⅓、または固形⅓個を熱湯少々で溶き、水を加えて分量にする。

① じゃがいも、にんじんを電子レンジにかける

電子レンジ圧力鍋に水¼カップ（50㎖）を入れ、蒸し板をセットしてじゃがいも、にんじんをのせる。ふたをして電子レンジにかけ、圧力が下がるまで放置する。

- 600Wの場合　6分かける→5分放置
- 500Wの場合　7分かける→5分放置

② 鍋に材料を入れる

じゃがいもとにんじんを取り出して鍋の水気をきる。電子レンジ圧力鍋に鶏肉、じゃがいも、にんじん、コーン、ホワイトソース、洋風スープを入れ、焦がしバターを加えて混ぜる。

③ 電子レンジにかける

蒸し板で落しぶたをし、ふたをして電子レンジにかける。圧力が下がるまで放置する。

- 600Wの場合　10分かける→5分放置
- 500Wの場合　12分かける→5分放置

④ 仕上げる

塩、こしょうを加えて混ぜ、味を調える。

チキンとポテトのクリームシチュー

ときどき無性に食べたくなる、クリーミーでまったり味のシチュー。
ホワイトソース缶を使えば、おいしく手軽に作れます。
チキンのうまみと野菜の甘みが溶け合って、格別のおいしさ。

チキンと野菜のポトフー

野菜は大ぶりに切って、ダイナミックなスタイル＆おいしさを楽しみます。
コンソメでシンプルに煮た、やさしい味わいが最大の魅力。
たっぷりの野菜もおいしく最後までいただけます。

材料（2人分）

- 鶏骨つきぶつ切り肉　250g
- かぼちゃ　100g
  わたと種を取り除き、2cm厚さに切る。
- キャベツ　1/8個（130g）
  厚みを半分に切る。
- セロリ　2/3本（70g）
  筋を取り、4cm長さに切る。
- 玉ねぎ　1/2個（100g）
  四つ割りにする。
- 洋風スープ＊　3カップ（600ml）
- ローリエ（p.42参照）　1枚
- 塩　小さじ2/3
- こしょう　少々

＊　チキンコンソメ粉末小さじ1、または固形1個を熱湯少々で溶き、水を加えて分量にする。

① 鍋に材料を入れる
電子レンジ圧力鍋に鶏肉、かぼちゃ、キャベツ、セロリ、玉ねぎ、洋風スープ、ローリエを入れる。

② 電子レンジにかける
蒸し板で落しぶたをし、ふたをして電子レンジにかける。圧力が下がるまで放置する。

> 600Wの場合　12分かける→5分放置
> 500Wの場合　14分30秒かける→5分放置

③ 仕上げる
塩、こしょうを加えて混ぜる。好みで粒マスタードをつけて食べてもおいしい。

PART 4　とびっきり肉おかず　鶏肉

材料（2人分）

鶏胸肉　1枚（220g）
　塩小さじ⅓、こしょう少々をまぶし、30分ほどおく。
ミックスハーブ*　小さじ1
洋風スープ**　½カップ（100㎖）
サニーレタスまたはレタス　適宜
　一口大にちぎる。
ラディッシュ　1個
　縦半分に切る。
A ┌ ねぎ＋しょうがオイル（p.9参照）　小さじ1
　└ 塩こうじ（あれば）***　大さじ1

*　オレガノ、ローズマリー（各乾燥。p.56参照）を混ぜて分量にする。
**　チキンコンソメ粉末小さじ⅓、または固形⅓個を熱湯少々で溶き、水を加えて分量にする。
***　みそ小さじ1、西京みそ小さじ2に代えても。

① 鍋に材料を入れる
電子レンジ圧力鍋に鶏肉、ミックスハーブ、洋風スープを入れて混ぜる。

② 電子レンジにかける
蒸し板で落しぶたをし、ふたをして電子レンジにかける。圧力が下がるまで放置する。

> 600Wの場合　6分かける→10分放置
> 500Wの場合　7分かける→10分放置

③ 仕上げる
鶏肉は皮を取り除き、5mm厚さに切って器に盛り、サニーレタス、ラディッシュを添える。蒸し汁大さじ1とAを混ぜ、鶏肉にかける。

チキンハム

鶏胸肉とハーブを一緒に蒸し煮にして、おしゃれなオードブルを作りました。
さっぱりとした中にも、豊かな香りとうまみがいっぱい。
うまみの溶け出た蒸し汁は、調味料を加えて極上のソースにします。

材料（2人分）

鶏手羽元　6本（300g）
プレーンヨーグルト　100g
洋風スープ*　1カップ（200㎖）
A ┌ カレー粉　大さじ1
　│ クミン＋コリアンダーオイル
　│ （p.8参照）　小さじ1
　│ いため玉ねぎ（p.9参照）　100g
　└ トマトペースト　大さじ2
塩　小さじ2/3
こしょう　少々
ナン　適宜
　オーブントースターで温める。

＊　チキンコンソメ粉末小さじ2/3、または固形2/3個を熱湯少々で溶き、水を加えて分量にする。

おいしさアップ！

カレー粉
コリアンダー、クミン、ターメリック、こしょうなどを混ぜた香辛料。

トマトペースト
トマトを加熱して裏ごしし、煮つめてペースト状にしたもの。

① 鍋に材料を入れる
電子レンジ圧力鍋に手羽元、ヨーグルト、洋風スープを入れ、Aを加えて混ぜる。

② 電子レンジにかける
蒸し板で落しぶたをし、ふたをして電子レンジにかける。圧力が下がるまで放置する。

```
600Wの場合　15分かける→5分放置
500Wの場合　18分かける→5分放置
```

③ 仕上げる
塩、こしょうを加えて混ぜ、器に盛ってナンを添える。

チキンカレー

ヨーグルトやトマトペースト、カレー粉を使ったインド風の本格カレーです。
さらりとしたスープには、ピリッとした辛み、マイルドな酸味、チキンのうまみがじんわり。
ご飯にかけても、パンと食べても美味。

PART 4　とびっきり肉おかず　鶏肉

材料（2人分）

鶏もも肉　1枚（250g）
　2cm角に切る。

にんじん　⅔本（80g）
　皮をむき、一口大の乱切りにする。

蓮根　小1節（100g）
　皮をむいて一口大の乱切りにし、酢小さじ1＋水1カップ（200㎖）の酢水にさらして水気をきる。

生しいたけ　3枚（40g）
　軸を落とし、4等分に切る。

だし汁＊　1½カップ（300㎖）

みりん　大さじ3

ねぎ＋しょうがオイル（p.9参照）
　小さじ1

しょうゆ　大さじ3

砂糖　大さじ2

＊　和風だしのもと小さじ½を熱湯少々で溶き、水を加えて分量にする。

① 鍋に材料を入れる
電子レンジ圧力鍋に鶏肉、にんじん、蓮根、しいたけ、だし汁、みりんを入れ、ねぎ＋しょうがオイルを加えて混ぜる。

② 電子レンジにかける
蒸し板で落しぶたをし、ふたをして電子レンジにかける。圧力が下がるまで放置する。

- 600Wの場合　15分かける→3分放置
- 500Wの場合　18分かける→3分放置

③ 仕上げる
しょうゆ、砂糖を加えて混ぜ、10分ほどおいて味をなじませる。

筑前煮

鶏もも肉とたっぷりの根菜を入れた、昔ながらの煮物です。
鶏肉のうまみ、野菜の持ち味と歯ごたえがしみじみ楽しめます。
冷めてもおいしいしっかり味なので、お弁当のおかずにもおすすめ。

バンバンジー

中国料理でおなじみの前菜で、「棒棒鶏」と書くのは肉を棒でたたいてやわらかくしたことから。
この鍋を使えば鶏肉に圧力をかけながら蒸すので、ふっくらとした肉質に仕上がります。
特製のごまだれでいただきましょう。

材料（2人分）
鶏胸肉　1枚（220g）
きゅうり　1本
　5〜6cm長さの細切りにする。
A ┌ 酒　大さじ2
　├ 塩　小さじ1/3
　└ こしょう　少々
水　大さじ2
B ┌ 白練りごま　大さじ3
　├ しょうゆ、砂糖　各大さじ1 1/2
　├ 酢　小さじ2
　├ ねぎ＋しょうがオイル（p.9 参照）
　└ 　小さじ1

おいしさアップ！
白練りごま
白ごまをすってペースト状にしたもの。

① 鍋に材料を入れる
電子レンジ圧力鍋に鶏肉を入れ、Aを加えてよくもみ込み、水を加える。

② 電子レンジにかける
蒸し板で落しぶたをし、ふたをして電子レンジにかける。圧力が下がるまで放置する。

> 600Wの場合　6分かける→10分放置
> 500Wの場合　7分かける→10分放置

③ 仕上げる
鶏肉は皮を取り除き、細切りにする。ボウルにBと鶏肉の蒸し汁大さじ3を入れて混ぜ、鶏肉、きゅうりを加えてあえる。

PART 4　とびっきり肉おかず　鶏肉

材料（2人分）
鶏手羽元　6本（300g）
大根　1/6本（200g）
　皮をむき、1cm厚さの半月切りにする。
エリンギ　小1本（30g）
　4cm長さに切り、縦半分に
　切って縦に5mm幅に切る。
だし汁＊　1カップ（200mℓ）
A ┌ ねぎ＋しょうがオイル（p.9参照）
　│　小さじ1
　│　酢　大さじ3
　└　しょうゆ　大さじ2
万能ねぎ（小口切り）　適宜

＊　和風だしのもと小さじ1/3を熱湯少々で溶き、水を加えて分量にする。

① 大根を電子レンジにかける
電子レンジ圧力鍋に水1/4カップ（50mℓ）を入れ、蒸し板をセットして大根をのせる。ふたをして電子レンジにかける。圧力が下がるまで放置する。

> 600Wの場合　6分かける→5分放置
> 500Wの場合　7分かける→5分放置

② 鍋に材料を入れる
大根を取り出して鍋の水気をきる。電子レンジ圧力鍋に手羽元、大根、エリンギ、だし汁を入れ、Aを加えて混ぜる。

③ 電子レンジにかける
蒸し板で落しぶたをし、ふたをして電子レンジにかける。圧力が下がるまで放置する。

> 600Wの場合　15分かける→5分放置
> 500Wの場合　18分かける→5分放置

④ 仕上げる
器に盛り、万能ねぎを散らす。

手羽元の酢煮

酢を加えて煮ると肉がやわらかくなり、マイルドな酸味が加わって、さっぱりとおいしく食べられます。
鶏肉のうまみをたっぷり吸った大根も、たまらないおいしさ。

材料（2人分）

- 牛シチュー用肉　250g
- ひよこ豆（缶詰。ドライパック）　50g
- パプリカ（赤、黄）　各⅓個（各40g）
  2cm角に切る。
- オクラ　3本
  へたを切り落とし、2〜3cm幅に切る。
- A ┌ トマトの水煮（缶詰。カットタイプ）　200g
  └ 洋風スープ＊　½カップ（100mℓ）
- B ┌ いため玉ねぎ（p.9参照）　50g
  │ クミン＋コリアンダーオイル（p.8参照）
  │ 　小さじ2
  └ カレー粉（p.64参照）　大さじ1
- 塩　小さじ⅔
- こしょう　少々

＊ チキンコンソメ粉末小さじ½、または固形½個を熱湯少々で溶き、水を加えて分量にする。

おすすめストック　ひよこ豆缶

① 鍋に材料を入れる
電子レンジ圧力鍋に牛肉、ひよこ豆、パプリカ、オクラ、Aを入れ、Bを加えて混ぜる。

② 電子レンジにかける
蒸し板で落しぶたをし、ふたをして電子レンジにかける。圧力が下がるまで放置する。

> 600Wの場合　20分かける→10分放置
> 500Wの場合　24分かける→10分放置

③ 仕上げる
塩、こしょうを加えて混ぜ、味を調える。

オクラの独特の食感、ひよこ豆のぽくぽくとした口当たりが、おいしい、楽しいアイディア満点のカレーです。
牛肉から出るうまみも材料にじっくりとしみています。

ビーフカレー

PART 4 とびっきり肉おかず 牛肉

ビーフシチュー

くるくると巻いた薄切りの牛肉を使えば、スピーディに煮えるし、リーズナブル！
しかもドミグラスソース缶を使うから、味つけもらくらくです。
ちょっとしたパーティやおもてなしにもおすすめ。

材料（2人分）
牛肩ロース薄切り肉　250g
　肉を少しずつずらしながら縦長に重ね、塩、こしょう各少々をふる。きつめにくるくると巻き、3cm長さに切る。
じゃがいも　小2個（200g）
　皮をむいて6等分に切り、水にさらして水気をきる。
にんじん　½本（60g）
　皮をむき、1cm幅のいちょう切りにする。
ドミグラスソース（缶詰）　1缶（290g）
焦がしバター（p.9参照）　小さじ1
いため玉ねぎ（p.9参照）　100g
塩、こしょう　各少々
イタリアンパセリ
　（粗みじん切り。p.10参照）　適宜

おすすめストック
ドミグラスソース缶

① 鍋に材料を入れる
電子レンジ圧力鍋にじゃがいも、にんじん、ドミグラスソース、焦がしバター、いため玉ねぎを入れて混ぜる。牛肉を立てて入れる。

② 電子レンジにかける
蒸し板で落しぶたをし、ふたをして電子レンジにかける。圧力が下がるまで放置する。

> 600Wの場合　10分かける→10分放置
> 500Wの場合　12分かける→10分放置

③ 仕上げる
塩、こしょうを加えて混ぜ、味を調える。器に盛ってイタリアンパセリを散らす。

69

肉豆腐

居酒屋さんでおなじみの人気メニューも、ささっと手早く簡単に作れます。
少し甘めのしょうゆ味の煮汁が、焼き豆腐とねぎにしっかりとしみて、
日本酒やビールはもちろん、白いご飯にもぴったりのおいしさ。

材料（2人分）

- 牛肩ロース薄切り肉　150g
  3cm長さに切る。
- 焼き豆腐　1丁（300g）
  横半分に切って1.5cm幅に切る。
- 長ねぎ　1本
  1.5cm幅の斜め切りにする。
- 春菊　30g
  やわらかい葉を摘む。
- A ┌ だし汁*　2カップ（400㎖）
  　└ 酒　大さじ2
- 砂糖、しょうゆ　各大さじ2

＊　和風だしのもと小さじ⅔を熱湯少々で溶き、水を加えて分量にする。

① 鍋に材料を入れる
電子レンジ圧力鍋に牛肉、焼き豆腐、ねぎを入れ、Aを加えて混ぜる。

② 電子レンジにかける
蒸し板で落しぶたをし、ふたをして電子レンジにかける。圧力が下がるまで放置する。

> 600Wの場合　6分かける→3分放置
> 500Wの場合　7分かける→3分放置

③ 仕上げる
砂糖、しょうゆを加えて混ぜ、10分ほどおく。器に盛って春菊をのせる。

PART 4 とびっきり肉おかず 牛肉

肉じゃが

家庭料理の定番といえば、これ。甘辛いしっかり味は、いつ食べてもおいしく、飽きません。
やわらかく煮えた牛肉と野菜の味わいをとことん堪能しましょう。
冷めてもおいしいのでお弁当にもおすすめです。

材料（2人分）
牛肩ロース薄切り肉　150g
　3cm長さに切る。

じゃがいも　2個（300g）
　皮をむいて8等分に切り、水にさらして水気をきる。

にんじん　⅔本（80g）
　皮をむき、一口大の乱切りにする。

長ねぎ　½本
　2cm幅の斜め切りにする。

しらたき　80g
　4cm長さに切る。

いため玉ねぎ（p.9参照）　100g
だし汁*　1カップ（200㎖）
酒、みりん、砂糖、しょうゆ
　各大さじ2

＊　和風だしのもと小さじ½を熱湯少々で溶き、水を加えて分量にする。

① じゃがいもとにんじんを電子レンジにかける

電子レンジ圧力鍋に水¼カップ（50㎖）を入れ、蒸し板をセットしてじゃがいも、にんじんをのせる。ふたをして電子レンジにかける。圧力が下がるまで放置する。

> 600Wの場合　6分かける→5分放置
> 500Wの場合　7分かける→5分放置

② 鍋に材料を入れる

じゃがいもとにんじんを取り出し、鍋の水気をきる。電子レンジ圧力鍋にすべての材料を入れて混ぜる。

③ 電子レンジにかける

蒸し板で落しぶたをし、ふたをして電子レンジにかける。圧力が下がるまで放置する。

> 600Wの場合　15分かける→10分放置
> 500Wの場合　18分かける→10分放置

ビーフストロガノフ

牛肉を煮込んだ、ロシアの名物料理の一つ。
ここではドミグラスソース缶を使った、手軽においしく作れるレシピを紹介します。
白いご飯や、バターライス、揚げたじゃがいもなどにかけてどうぞ。

材料（2人分）
- 牛肩ロース薄切り肉　180g
  - 3cm長さに切り、塩、こしょう各少々をふる。
- マッシュルーム　6個
  - 石づきを落として3mm幅に切る。
- A
  - 洋風スープ*　½カップ（100㎖）
  - ドミグラスソース（缶詰）　150g
- 焦がしバター（p.9参照）　小さじ1
- いため玉ねぎ（p.9参照）　100g
- 塩、こしょう　各少々
- サワークリーム**　大さじ2
- 温かいご飯　適宜
- イタリアンパセリ
  （みじん切り。p.10参照）　適宜

* チキンコンソメ粉末小さじ⅓、または固形⅓個を熱湯少々で溶き、水を加えて分量にする。
** 生クリーム大さじ2とレモン汁小さじ½を混ぜたものに代えても。

① 鍋に材料を入れる
電子レンジ圧力鍋に牛肉、マッシュルーム、Aを入れ、焦がしバター、いため玉ねぎを加えて混ぜる。

② 電子レンジにかける
蒸し板で落しぶたをし、ふたをして電子レンジにかける。圧力が下がるまで放置する。

600Wの場合	6分かける→3分放置
500Wの場合	7分かける→3分放置

③ 仕上げる
塩、こしょうを加えて混ぜ、味を調える。器にご飯を盛ってビーフストロガノフをかけ、サワークリームをのせる。ご飯にイタリアンパセリをふる。

牛肉と大根のピリ辛みそスープ

みそは電子レンジにかけた後に加えて、味と風味を生かします。
豆板醬をピリッときかせたパンチのある味は、
熱い夏も、寒い冬も食べたい、体の中から元気になるスープです。

材料（2人分）
牛肩ロース薄切り肉　150g
　3cm長さに切る。
大根　⅛本（150g）
　皮をむき、1cm角の棒状に切る。
生しいたけ　2枚
　軸を落とし、3mm幅に切る。
にら　20g
　4cm長さに切る。
チキンスープ*　2カップ（400㎖）
A ┌ ねぎ＋しょうがオイル（p.9参照）　小さじ1
　│ みそ　大さじ1
　└ 豆板醬（p.48参照）　小さじ2

＊　鶏ガラスープのもと小さじ2を熱湯少々で溶き、水を加えて分量にする。

① 鍋に材料を入れる
電子レンジ圧力鍋に牛肉、大根、しいたけ、チキンスープを入れて混ぜる。

② 電子レンジにかける
蒸し板で落しぶたをし、ふたをして電子レンジにかける。圧力が下がるまで放置する。

> 600Wの場合　10分かける→5分放置
> 500Wの場合　12分かける→5分放置

③ 仕上げる
Aを加えて混ぜ、にらを加えてさっと混ぜる。

牛すじのみそ煮

この鍋を使えば、時間のかかるすじ肉の調理もスピーディに。
下ゆでをしたり、味を煮含めたりするのも、
ひと鍋でらくらく。ほろりと煮えた野菜も格別のおいしさです。

PART 4 とびっきり肉おかず 牛肉

牛すじのトマト煮

下ゆでした牛すじは、洋風味にしても美味。
トマトの甘みやにんにくの香りが加わって、
こたえられない味に仕上がります。

材料（2人分）

牛すじ　400g
　牛すじのみそ煮の作り方①を参照して下ゆでする。
A ┌ 洋風スープ*　1カップ（200㎖）
　└ トマトソース（缶詰）　300g
にんにくオイル（p.8参照）　小さじ1
いため玉ねぎ（p.9参照）　100g
ローリエ（p.42参照）　1枚
塩、こしょう　各少々
仕上げ用の材料（あれば）**　適宜

＊　チキンコンソメ粉末小さじ½、または固形½個を
熱湯少々で溶き、水を加えて分量にする。
＊＊　レモンの皮⅓個、にんにく1かけ（各みじん切
り）、ローズマリー小さじ½（乾燥。p.56参照）を混
ぜたもの。

① 鍋に材料を入れる

電子レンジ圧力鍋に一口大に切った
牛すじ、Aを入れ、にんにくオイル、いため玉
ねぎ、ローリエを加えて混ぜる。

② 電子レンジにかける

蒸し板で落しぶたをし、ふたをして電
子レンジにかける。圧力が下がるまで放置する。

> 600Wの場合　10分かける→10分放置
> 500Wの場合　12分かける→10分放置

③ 仕上げる

塩、こしょうを加えて混ぜ、味を調え
る。器に盛って仕上げ用の材料をふる。

材料（2人分）

牛すじ　300g
大根　5cm（100g）
　皮をむき、2mm幅のいちょう切りにする。
にんじん　4cm（40g）
　皮をむき、2mm幅のいちょう切りにする。
ごぼう　⅓本（60g）
　皮をこそげて3mm幅の斜め切りにし、水にさ
　らして水気をきる。
だし汁*　1カップ（200㎖）
A ┌ ねぎ＋しょうがオイル
　│ （p.9参照）　小さじ1
　│ みそ、酒　各大さじ2
　└ 砂糖　大さじ1
長ねぎ（小口切り）　適宜
七味とうがらし　少々

おいしさアップ！
牛すじ
アキレス腱や腱がついた肉や、横隔膜
の一部の肉。

＊　和風だしのもと小さ
じ⅓を熱湯少々で溶き、
水を加えて分量にする。

① 牛すじを電子レンジにかけて下ゆでする

電子レンジ圧力鍋に牛すじ、水2カップ
（400㎖）を入れる。蒸し板で落しぶたを
し、ふたをして電子レンジにかける。圧力
が下がるまで放置する。

> 600Wの場合　30分かける→10分放置
> 500Wの場合　36分かける→10分放置

② 大根、にんじん、ごぼうを電子レンジにかける

牛すじを取り出してゆで汁を捨て、鍋を
洗う。電子レンジ圧力鍋に大根、にんじん、
ごぼう、だし汁を入れて混ぜる。蒸し板で
落しぶたをし、ふたをして電子レンジにか
ける。圧力が下がるまで放置する。

> 600Wの場合　6分かける→5分放置
> 500Wの場合　7分かける→5分放置

③ もう一度電子レンジにかける

②に一口大に切ったすじ、Aを混ぜ
る。蒸し板で落しぶたをし、ふたをして電子
レンジにかける。圧力が下がるまで放置。

> 600Wの場合　5分かける→3分放置
> 500Wの場合　6分かける→3分放置

④ 仕上げる

器に盛り、ねぎをのせて七味とう
がらしをふる。

75

キャベツをゆでるのも、たねを巻いて煮るのもこの鍋だけでOK！
たねに加えた焦がしバター＋いため玉ねぎでコクを出すのがコツ。
ジューシーなひき肉だね、キャベツの甘みを味わいましょう。

ロールキャベツ

材料（2人分）
合いびき肉　200g
キャベツ　大4枚（300g）
A ┌ 焦がしバター（p.9 参照）　小さじ1
　│ いため玉ねぎ（p.9 参照）　40g
　│ パン粉、牛乳　各大さじ1
　│ 塩　小さじ⅓
　└ こしょう　少々
洋風スープ*　2カップ
塩　小さじ⅓
こしょう　少々
ローリエ（p.42参照）　1枚

* チキンコンソメ粉末小さじ1、または固形1個を熱湯少々で溶き、水を加えて分量にする。

① キャベツを電子レンジにかける
電子レンジ圧力鍋に水¼カップ（50mℓ）を入れ、蒸し板をセットしてキャベツをのせる。ふたをして電子レンジにかけ、放置する。

> 600Wの場合　3分かける→3分放置
> 500Wの場合　3分30秒かける→3分放置

② たねを包む
キャベツを取り出して鍋の水気をきる。キャベツの芯をそぎ取る。ひき肉にAを加えて混ぜ、4等分にしてまとめ、キャベツで包む。

③ 鍋に材料を入れる
電子レンジ圧力鍋に②の巻終りを下にして入れる。洋風スープ、塩、こしょうを加えて混ぜ、ローリエをのせる。

④ 電子レンジにかける
蒸し板で落しぶたをし、ふたをして電子レンジにかける。圧力が下がるまで放置する。

> 600Wの場合　10分かける→5分放置
> 500Wの場合　12分かける→5分放置

PART 4　とびっきり肉おかず　ひき肉

材料（2人分）
合いびき肉　200g
パプリカ（赤、黄）　各½個（各60g）
　へたを取り、わたと種を取り除く。
ピーマン　2個（60g）
　へたを取り、わたと種を取り除く。
A ┌ クミン＋コリアンダーオイル（p.8参照）
　│　　小さじ1
　│ いため玉ねぎ（p.9参照）　50g
　│ パン粉　大さじ2
　│ 塩　小さじ⅓
　└ こしょう　少々
洋風スープ*　2カップ（400㎖）
タイム（p.58参照）　2本
塩　小さじ⅓
こしょう　少々

＊　チキンコンソメ粉末小さじ1、または固形1個を熱湯少々で溶き、水を加えて分量にする。

① たねを作って詰める
ボウルにひき肉、Aを入れて混ぜ、パプリカ、ピーマンに詰める。

② 鍋に材料を入れる
電子レンジ圧力鍋に①、洋風スープを入れ、タイムをのせる。

③ 電子レンジにかける
蒸し板で落しぶたをし、ふたをして電子レンジにかける。圧力が下がるまで放置する。

> 600Wの場合　15分かける→5分放置
> 500Wの場合　18分かける→5分放置

④ 仕上げる
塩、こしょうを加えて混ぜ、味を調える。

ピーマンの肉詰め煮

大人気のピーマンの肉詰め煮にひと工夫。
ひき肉だねにクミン＋コリアンダーオイルを、
煮るときにタイムを加えて、ワンランク上の味に仕上げます。
スープにもうまみがじんわりしみて、格別のおいしさ。

材料（2人分）

合いびき肉　250g

エリンギ　2本（80g）
　縦に5mm幅に切り、塩、こしょう各少々、
　焦がしバター（p.9参照）小さじ1をまぶす。

A ┌ 焦がしバター（p.9参照）　小さじ1
　├ いため玉ねぎ（p.9参照）　50g
　├ パン粉、牛乳　各大さじ2
　└ 塩、こしょう、ナツメッグ　各少々

ドミグラスソース（缶詰）　150g

トマトの水煮（缶詰。カットタイプ）
　100g

塩、こしょう　各少々

① ハンバーグを作る
ボウルにひき肉、Aを入れて混ぜて4等分にし、2cm厚さの円形にまとめる。

② 鍋に材料を入れる
電子レンジ圧力鍋にドミグラスソース、トマトを入れて混ぜ、①、エリンギを加える。

③ 電子レンジにかける
ふたをして電子レンジにかける。圧力が下がるまで放置する。

> 600Wの場合　10分かける→3分放置
> 500Wの場合　12分かける→3分放置

④ 仕上げる
塩、こしょうを加えて混ぜ、味を調える。器に盛って、あればセルフイユ（分量外）を添える。

煮込みハンバーグ

ハンバーグをドミグラスソース缶＋トマトの水煮缶で煮て、濃厚だけれどさっぱりとした後味が魅力の一品に仕上げました。ふっくらジューシーなハンバーグ、エリンギの歯ごたえと風味が抜群です。

鶏肉だんごと麩の煮物

しょうゆ味の中国風スープであっさりと煮たメニュー。
シンプルだからこそ、素材の持ち味がしみじみと楽しめます。
ふんわりと煮えた鶏だんご、じゅわっと煮汁がしみた車麩。
おいしいコラボレーションを楽しんでください。

材料（2人分）
鶏ひき肉 180g
車麩 2個
　かぶるくらいの水に15分ほどつけてもどし、水気を絞って4等分に切る。
ゆでたけのこ 大1/3個（60g）
　縦に薄切りにする。
さやいんげん 4本
　へたを取り、4cm長さの斜め切りにする。
A ┌ 長ねぎ（みじん切り）　大さじ1
　│ 酒　小さじ1
　└ 塩、こしょう　各少々
チキンスープ* 2カップ（400ml）
B ┌ **ねぎ+しょうがオイル（p.9参照）**　小さじ1
　└ 酒、しょうゆ　各大さじ1
塩、こしょう　各少々

* 鶏ガラスープのもと小さじ2を熱湯少々で溶き、水を加えて分量にする。

おいしさアップ！
車麩 
グルテンと呼ばれるたんぱく質に小麦粉などを混ぜ、蒸して焼いたもの。

① 鶏だんごを作る
ボウルにひき肉、Aを入れてよく混ぜ、12等分のだんご状にまとめる。

② 鍋に材料を入れる
電子レンジ圧力鍋に①、車麩、たけのこ、いんげん、チキンスープを入れ、Bを加えて混ぜる。

③ 電子レンジにかける
蒸し板で落しぶたをし、ふたをして電子レンジにかける。圧力が下がるまで放置する。

| 600Wの場合　10分かける→3分放置 |
| 500Wの場合　12分かける→3分放置 |

④ 仕上げる
塩、こしょうを加えて混ぜ、味を調える。

キーマカレー

ひき肉を使ったインド風のカレーです。豚ひき肉、じゃがいも、小松菜、トマトを一緒に煮て、うまみをぎゅっと閉じ込めました。
肉のコク、野菜の甘み、カレー粉の香りが、絶妙のマッチング。

材料（2人分）

- 豚ひき肉　200g
- じゃがいも　1個（150g）
  皮をむいて四つ割りにし、1.5cm角に切る。水にさらして水気をきる。
- 小松菜　2本（50g）
  根元を落とし、1cm幅に切る。
- A ┌ トマトの水煮（缶詰。カットタイプ）　100g
    └ 洋風スープ*　½カップ（100mℓ）
- いため玉ねぎ（p.9参照）　100g
- カレー粉　大さじ2
- 小麦粉　大さじ2
- 塩　小さじ⅔
- こしょう　少々
- 温かいご飯　適宜

＊ チキンコンソメ粉末小さじ⅓、または固形⅓個を熱湯少々で溶き、水を加えて分量にする。

① じゃがいもを電子レンジにかける
電子レンジ圧力鍋に水¼カップ（50mℓ）を入れ、蒸し板をセットしてじゃがいもをのせる。ふたをして電子レンジにかけ、圧力が下がるまで放置する。

> 600Wの場合　5分かける→3分放置
> 500Wの場合　6分かける→3分放置

② 鍋に材料を入れる
じゃがいもを取り出して鍋の水気をきる。電子レンジ圧力鍋にひき肉、じゃがいも、小松菜、Aを入れ、いため玉ねぎ、カレー粉、小麦粉、塩、こしょうを加えて混ぜる。

③ 電子レンジにかける
蒸し板で落しぶたをし、ふたをして電子レンジにかける。圧力が下がるまで放置する。

> 600Wの場合　10分かける→3分放置
> 500Wの場合　12分かける→3分放置

④ 仕上げる
塩、こしょう各少々（各分量外）を加え、味を調える。器にご飯を盛ってカレーをかける。

材料（2人分）

- 豚ひき肉　120g
- 木綿豆腐　1丁（300g）
  1cm角に切ってペーパータオルで水気をふき、かたくり粉大さじ2をまぶしつける。
- 生しいたけ　1枚
  軸を落として粗みじん切りにする。
- チキンスープ*　½カップ（100mℓ）
- A
  - 長ねぎ（みじん切り）　大さじ1
  - ねぎ＋しょうがオイル（p.9参照）　小さじ2
  - みそ（あれば赤みそ）、しょうゆ　各大さじ1
  - 豆板醬（p.48参照）　小さじ2
- 万能ねぎ（小口切り）　適宜

* 鶏ガラスープのもと小さじ¼を熱湯少々で溶き、水を加えて分量にする。

① 鍋に材料を入れる
電子レンジ圧力鍋にチキンスープ、Aを入れて混ぜ、ひき肉、豆腐、しいたけを加える。

② 電子レンジにかける
ふたをして電子レンジにかけ、圧力が下がるまで放置する。

> 600Wの場合　10分かける→3分放置
> 500Wの場合　12分かける→3分放置

③ 仕上げる
器に盛り、万能ねぎを散らす。

麻婆豆腐

この鍋でおいしく作る秘訣は、煮汁にねぎ＋しょうがオイルを加えること。これをプラスするだけで、中華鍋で作ったようなうまみとコクに仕上がります。豆板醬をピリリときかせた本格味の一品です。

PART 5

素材の持ち味、香り、食感を楽しむ。
お役立ち野菜おかず

「もう一品欲しいな」というときや、
「もっと野菜のおかずが食べたい」ときに便利なレシピが勢ぞろい。
この鍋で作れば、野菜にふっくらと火が通り、
やさしい香りとおいしい口当りに仕上がります。
毎日の食事に積極的に取り入れましょう。

蒸し野菜盛合せ

冷蔵庫の残り野菜を賢く使って作ってみてください。
蒸気でじんわり蒸されるので、野菜の甘みがぐんとアップします。
2種の簡単ソースを添えて、味のバリエーションを楽しんで。

材料（2人分）

キャベツ　⅙個（150g）
　芯をつけたまま、くし形切りにする。

長ねぎ　1本
　4等分の斜め切りにする。

しめじ　½パック
　石づきを切り落とす。

パプリカ（赤）　½個（80g）
　縦半分に切る。

ごまマヨソース
　┌ 白練りごま（p.66参照）、マヨネーズ　各大さじ2
　│ しょうゆ　大さじ1
　└ 豆板醤（p.48参照）　小さじ½

梅ソース
　┌ 梅肉　大さじ3
　└ みりん＊　大さじ2

＊　耐熱容器に入れ、ラップをかけずに電子レンジ
600Wに20秒（500Wの場合も20秒）かける。

① 鍋に水を入れる
電子レンジ圧力鍋に水¼カップ（50mℓ）を入れる。

PART 5　お役立ち野菜おかず

② 材料を入れる
蒸し板をセットし、キャベツ、ねぎ、しめじ、パプリカをのせる。

③ 電子レンジにかける
ふたをして電子レンジにかけ、圧力が下がるまで放置する。

④ 仕上げる
ソースの材料をそれぞれ混ぜて添える。

600Wの場合
　10分かける→2分放置

500Wの場合
　12分かける→2分放置

83

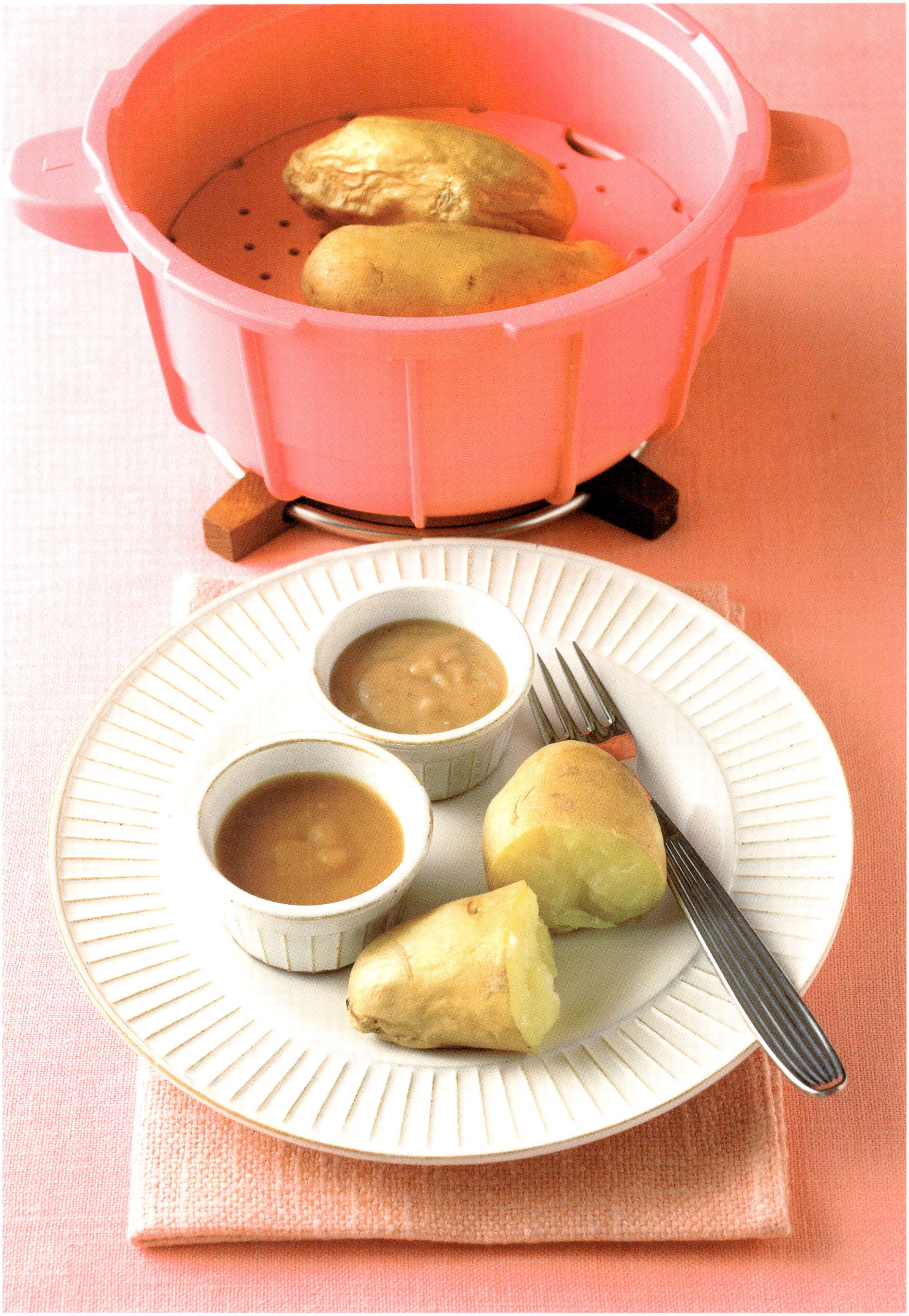

PART 5　お役立ち野菜おかず

蒸しじゃが

料理ビギナーにまずトライしてほしいのが、これ。水と一緒にじゃがいもをチンするだけでOK！
身縮みせず、ふっくらとおいしく蒸し上がります。絶品ソースにつけて、いただきましょう。

材料（2人分）
じゃがいも（皮つき）　3個（400g）
アンチョビーソース
　アンチョビーペースト*　小さじ2
　焦がしバター（p.9参照）　大さじ2
　レモン汁　大さじ1
　こしょう　少々
みそソース
　みそ　大さじ2
　砂糖、酒**　各大さじ1

＊　アンチョビー（フィレ。p.10参照）を細かくたたいたものを使っても。
＊＊　耐熱容器に入れ、ラップをかけずに電子レンジ600Wに20秒（500Wの場合も20秒）かける。

① 鍋にじゃがいもを入れる
電子レンジ圧力鍋に水¼カップ（50㎖）を入れる。蒸し板をセットし、じゃがいもをのせる。

② 電子レンジにかける
ふたをして電子レンジにかけ、圧力が下がるまで放置する。

> 600Wの場合　10分かける→5分放置
> 500Wの場合　12分かける→5分放置

③ ソースを作る
アンチョビーソースの材料を混ぜる。みそソースのみそに酒を加えて混ぜ、砂糖を加えてさらに混ぜる。2種のソースを添える。

蒸しじゃがでもう一品！　## ポテトサラダ

蒸したじゃがいもは熱いうちにつぶすと、簡単＆きれいに仕上がります。
しゃきしゃきのきゅうりと玉ねぎを加えて、マヨネーズでおいしくまとめましょう。

材料（2人分）
蒸しじゃがいも（上記参照）　3個分（400g）
　皮をむき、すりこぎなどでつぶして粗熱を取る。
ゆで卵*　1個
　1cm角くらいに切る。
きゅうり　½本
　薄い小口切りにして塩ひとつまみをまぶして5分ほどおく。しんなりしたら水気を絞る。
玉ねぎ　¼個（50g）
　縦に薄切りにし、水にさらして水気を絞る。
マヨネーズ　大さじ3
塩、こしょう　各少々

＊　普通の鍋に卵、かぶるくらいの水を入れて中火にかけ、静かに転がしながらゆでる。沸騰したら弱火にし、12分ほどゆで、水にとって冷まし、殻をむく。

材料を混ぜる
じゃがいも、ゆで卵、きゅうり、玉ねぎ、マヨネーズを混ぜる。塩、こしょうを加えて混ぜ、味を調える。

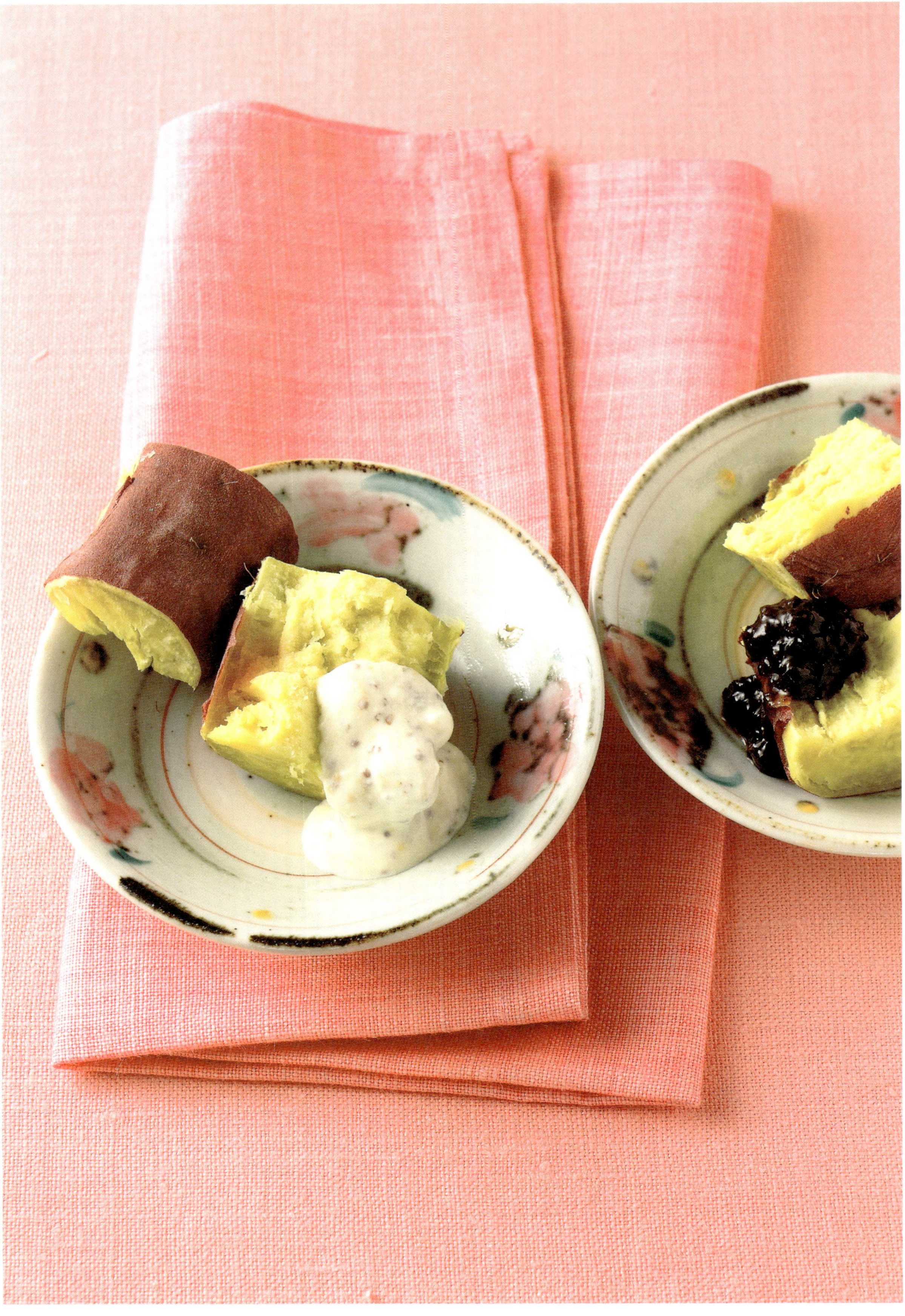

PART 5　お役立ち野菜おかず

蒸しさつまいも

ビタミンや食物繊維が豊富で、しかもノンオイルの女性にうれしいメニューです。
蒸し器で蒸すのは大変だけど、この鍋なららくらく、スピーディ。おしゃれなソースにつけてどうぞ。

材料（2人分）
さつまいも（皮つき）　大1本（400g）
　よく水洗いして長さを6等分に切り、
　水に10分ほどさらして水気をきる。

チーズソース
- クリームチーズ（やわらかくもどす）
  30g
- プレーンヨーグルト　50g
- 粒マスタード　小さじ1
- 塩、こしょう　各少々

プルーンソース
- プルーン（細かく刻む）
  2個分（50g）
- オレンジジュース
  ¼カップ（50㎖）
- 塩　小さじ¼

おいしさアップ！
プルーン
干したすももののこと。そのまま食べたり、お菓子などに。

① 鍋にさつまいもを入れる
電子レンジ圧力鍋に水¼カップ（50㎖）を入れる。蒸し板をセットし、さつまいもをのせる。

② 電子レンジにかける
ふたをして電子レンジにかけ、圧力が下がるまで放置する。

> 600Wの場合　10分かける→5分放置
> 500Wの場合　12分かける→5分放置

③ ソースを作る
チーズソースはチーズにヨーグルト、粒マスタードを少しずつ加えて溶き、塩、こしょうを加えて混ぜ、味を調える。プルーンソースの材料を混ぜる。2種のソースをかけて食べる。

蒸しさつまいもでもう一品！ さつまいもとりんごのサラダ

さつまいもの素朴な甘さを生かしたサラダです。しゃりしゃりとした甘酸っぱいりんご、
マヨネーズのコク、豊かな香りのシナモンが相性抜群。

材料（2人分）
蒸しさつまいも（上記参照）　大1本分（400g）
　皮をむき、すりこぎなどでつぶして粗熱を取る。

りんご　½個（120g）
　よく洗って水気をふく。芯を取り除き、薄いいちょう切りにする。

マヨネーズ　大さじ3
はちみつ　大さじ1
シナモンパウダー、塩、こしょう　各少々

材料を混ぜる
さつまいも、りんご、マヨネーズ、はちみつ、シナモンパウダーを混ぜる。塩、こしょうを加えて混ぜ、味を調える。

おいしさアップ！
シナモンパウダー
クスノキ科のニッキの樹皮を乾燥させて粉末にしたもの。

蒸しなすの香味ソースかけ

なすは皮をむいて水にさらし、アクを抜いてから
調理をするのがポイント。
すっきりとした上品な味わいに仕上がります。

材料（2人分）

なす　3本（270g）
　へたを落として皮をところどころむき、
　水に10分ほどさらして水気をきる。

みょうが　1個
　縦半分に切って小口から切る。

A ┌ 白いりごま（手でひねる）　小さじ1
　├ ねぎ＋しょうがオイル（p.9参照）　小さじ1
　└ しょうゆ　大さじ1

① 鍋になすを入れる
電子レンジ圧力鍋に水¼カップ（50㎖）を入れる。蒸し板をセットし、なすをのせる。

② 電子レンジにかける
ふたをして電子レンジにかけ、圧力が下がるまで放置する。

> 600Wの場合　5分かける→3分放置
> 500Wの場合　6分かける→3分放置

③ 仕上げる
器になすを盛り、みょうがとAを混ぜたたれをかける。

蒸し里芋

明太子のぷちぷちとした食感が、
里芋のなめらかさにおいしくマッチします。
日本酒のおつまみにもおすすめ。

材料（2人分）

里芋（皮つき）　6個（500g）
　たわしで水洗いし、水気をきる。

からし明太子　½はら（40g）
　薄皮を取り除いてほぐす。

A ┌ にんにくオイル（p.8参照）　小さじ1
　├ 青じそ（みじん切り）　1枚分
　└ マヨネーズ　大さじ1

① 鍋に里芋を入れる
電子レンジ圧力鍋に水¼カップ（50㎖）を入れる。蒸し板をセットし、里芋をのせる。

② 電子レンジにかける
ふたをして電子レンジにかけ、圧力が下がるまで放置する。

> 600Wの場合　10分かける→5分放置
> 500Wの場合　12分かける→5分放置

③ 仕上げる
里芋を半分に切って器に盛り、明太子とAを混ぜたソースを等分にのせる。

PART 5　お役立ち野菜おかず

蒸し枝豆

少量の水とチンするだけだから、これはお手軽！
豆のぽくぽくとした口当り、
ぎゅっと詰まったうまみが最高です。

材料（2人分）
枝豆（さやつき）　250g
　枝豆は片端をはさみで少し切り落とす。
　塩適宜をまぶしてこすり、水洗いする。
塩　適宜

① 鍋に枝豆を入れる
電子レンジ圧力鍋に水¼カップ（50㎖）を入れる。蒸し板をセットし、枝豆をのせる。

② 電子レンジにかける
ふたをして電子レンジにかけ、圧力が下がるまで放置する。

> 600Wの場合　5分かける→2分放置
> 500Wの場合　6分かける→2分放置

③ 仕上げる
色が悪くならないうちにふたを取り、塩をまぶす。

ゆで栗

生の栗が出回る秋に一度は食べたい一品。
ゆでるだけでもしみじみとおいしい、
季節の味を楽しみましょう。

材料（2人分）
栗（殻つき）　500g

① 鍋に栗を入れる
電子レンジ圧力鍋に栗、水2½カップ（500㎖）を入れる。

② 電子レンジにかける
蒸し板で落しぶたをし、ふたをして電子レンジにかける。圧力が下がるまで放置する。

> 600Wの場合　15分かける→10分放置
> 500Wの場合　18分かける→10分放置

③ 仕上げる
ざるに上げて水気をきり、器に盛る。

蓮根とひじきの煮物

根菜＋ひじきの体にもうれしい、おいしいおかずです。甘辛しょうゆの味なので、ご飯のおかずにもぴったり。いつでもストックしておいて常備菜にするととても重宝します。

材料（2人分）

蓮根　1節（150g）
　皮をむき、3mm幅のいちょう切りにする。酢小さじ1＋水1カップ（200㎖）を混ぜた酢水につけ、水気をきる。

芽ひじき（乾燥）　10g
　水洗いし、たっぷりの水に20分ほどつけてもどす。ざるに上げて水気をきる。

にんじん　小1本（100g）
　皮をむき、薄いいちょう切りにする。

A ┌ だし汁＊　1½カップ（300㎖）
　 └ 酒、みりん　各大さじ1

砂糖、しょうゆ　各大さじ2

＊　和風だしのもと小さじ½を熱湯少々で溶き、水を加えて分量にする。

① 鍋に材料を入れる
電子レンジ圧力鍋に蓮根、ひじき、にんじん、Aを入れて混ぜる。

② 電子レンジにかける
蒸し板で落しぶたをし、ふたをして電子レンジにかける。圧力が下がるまで放置する。

> 600Wの場合　10分かける→5分放置
> 500Wの場合　12分かける→5分放置

③ 仕上げる
砂糖、しょうゆを加えて混ぜ、5分ほどおいて味をなじませる。

おすすめストック　芽ひじき

PART 5　お役立ち野菜おかず

ししとうと切干し大根のみそ煮

ししとうの持ち味、切干し大根の食感が楽しい煮物です。
一口食べるとみその豊かな香りがふわっと口いっぱいに。

材料（2人分）

ししとう　6個
　へたを少し切り落とし、斜め半分に切る。
切干し大根（乾燥）　25g
　水洗いし、たっぷりの水に15分ほどつけてもどす。水気を絞って食べやすい長さに切る。
A ┌ だし汁*　¾カップ（150㎖）
　└ 酒、みりん　各大さじ1
みそ　大さじ1
七味とうがらし　少々

＊　和風だしのもと小さじ¼を熱湯少々で溶き、水を加えて分量にする。

① 鍋に材料を入れる
電子レンジ圧力鍋にししとう、切干し大根、Aを入れて混ぜる。

② 電子レンジにかける
蒸し板で落しぶたをし、ふたをして電子レンジにかける。圧力が下がるまで放置する。

> 600Wの場合　5分かける→3分放置
> 500Wの場合　6分かける→3分放置

③ 仕上げる
みそを溶き入れる。器に盛って七味とうがらしをふる。

かぼちゃの煮物

かぼちゃの甘みを生かして砂糖は控えめに。
うす口しょうゆを加えて、味をキリッと引き締めます。

材料（2人分）

かぼちゃ　300g
　わたと種を取り除き、3～4cm角に切る。
A ┌ だし汁*　1½カップ（300㎖）
　└ みりん　大さじ2
砂糖　大さじ1
うす口しょうゆ　大さじ2

＊　和風だしのもと小さじ½を熱湯少々で溶き、水を加えて分量にする。

① 鍋に材料を入れる
電子レンジ圧力鍋にかぼちゃ、Aを入れて混ぜる。

② 電子レンジにかける
蒸し板で落しぶたをし、ふたをして電子レンジにかける。圧力が下がるまで放置する。

> 600Wの場合　8分かける→5分放置
> 500Wの場合　9分30秒かける→5分放置

③ 仕上げる
砂糖、うす口しょうゆを加えて混ぜ、5分ほどおいて味をなじませる。

大根とさんまのかば焼き缶の煮物

さんまのかば焼き缶を使えば、面倒な味つけいらず。味つけオンチの人でも、不器用な人でも、これならららくらく作れます。魚のうまみ、ほんのり甘い煮汁が大根にしみて美味。

材料（2人分）

大根 ⅙本（200g）
　皮をむき、1cm幅のいちょう切りにする。

大根葉 適宜
　5mm幅に切る。

さんまのかば焼き（缶詰）* 1缶（80g）

だし汁** 1½カップ（300㎖）

塩 少々

* いわしのかば焼き缶を使っても。
** 和風だしのもと小さじ½を熱湯少々で溶き、水を加えて分量にする。

おすすめストック
さんまのかば焼き缶

① 大根とだし汁を電子レンジにかける

電子レンジ圧力鍋に大根、だし汁を入れる。蒸し板で落しぶたをし、ふたをして電子レンジにかける。圧力が下がるまで放置する。

> 600Wの場合　8分かける→5分放置
> 500Wの場合　9分30秒かける→5分放置

② 鍋に材料を入れる

①にさんまのかば焼きと缶汁、大根葉、塩を加えて混ぜる。

③ もう一度電子レンジにかける

蒸し板で落しぶたをし、ふたをして電子レンジにかける。圧力が下がるまで放置する。

> 600Wの場合　1分30秒かける→1分放置
> 500Wの場合　2分かける→1分放置

PART 5　お役立ち野菜おかず

白菜とハムのクリーム煮

クリーミーでなめらかな口当りの中国風クリーム煮です。
ホワイトソース缶を使うから、いつでも手軽に作れます。

材料（2人分）
白菜　2枚（250g）　3〜4cm角に切る。
ハム　2枚（30g）　放射状に6等分に切る。
A ┌ ホワイトソース（缶詰）　1缶（290g）
　├ チキンスープ*
　│　　½カップ（100mℓ）
　└ 酒　大さじ1

＊　鶏ガラスープのもと小さじ½を熱湯少々で溶き、水を加えて分量にする。

ねぎ＋しょうがオイル（p.9参照）　小さじ1
塩、こしょう　各少々

① 鍋に材料を入れる
電子レンジ圧力鍋に白菜、ハム、Aを入れ、ねぎ＋しょうがオイルを加えて混ぜる。

② 電子レンジにかける
蒸し板で落しぶたをし、ふたをして電子レンジにかける。圧力が下がるまで放置する。

> 600Wの場合　5分かける→3分放置
> 500Wの場合　6分かける→3分放置

③ 仕上げる
塩、こしょうを加えて混ぜ、味を調える。

ごぼうとベーコンのスープ煮

みそ汁代りに食べたい、絶品スープ。
パセリやイタリアンパセリなどを飾っても。

材料（2人分）
ごぼう　⅔本（150g）
　皮をこそげ、5mm幅の斜め切りにする。
　水にさらして水気をきる。
ベーコン　2〜3枚（40g）
　2cm幅に切る。
洋風スープ*　1½カップ（300mℓ）
いため玉ねぎ
　（p.9参照）　50g
塩、こしょう　各少々

＊　チキンコンソメ粉末小さじ1、または固形1個を熱湯少々で溶き、水を加えて分量にする。

① 鍋に材料を入れる
電子レンジ圧力鍋にごぼう、ベーコン、洋風スープを入れ、いため玉ねぎを加えて混ぜる。

② 電子レンジにかける
蒸し板で落しぶたをし、ふたをして電子レンジにかける。圧力が下がるまで放置する。

> 600Wの場合　8分かける→5分放置
> 500Wの場合　9分30秒かける→5分放置

③ 仕上げる
塩、こしょうを加えて混ぜ、味を調える。

93

にんじん、セロリ、サラミのマリネ

にんじんとセロリをサラミと一緒に電子レンジにかけて、うまみを移します。
クミン＋コリアンダーオイルのコク、レモン汁のキリッとした酸味が加わって、とびっきりのおいしさ。

材料（2人分）

- にんじん　2/3本（80g）
  皮をむき、2mm幅の輪切りにする。
- セロリ　大1本（120g）
  筋を取り、2mm幅に切る。
- サラミ（薄切り）*　20g
- 洋風スープ**　1カップ（200ml）
- **クミン＋コリアンダーオイル**
  （p.8参照）　小さじ2
- A ┌ レモン汁　小さじ1
  └ 塩、こしょう　各少々

* ハムやベーコンを使っても。
** チキンコンソメ粉末小さじ½、または固形½個を熱湯少々で溶き、水を加えて分量にする。

① 鍋に材料を入れる
電子レンジ圧力鍋ににんじん、セロリ、サラミ、洋風スープを入れ、クミン＋コリアンダーオイルを加えて混ぜる。

② 電子レンジにかける
蒸し板で落しぶたをし、ふたをして電子レンジにかける。圧力が下がるまで放置する。

> 600Wの場合　8分かける→3分放置
> 500Wの場合　9分30秒かける→3分放置

③ 仕上げる
Aを加えて混ぜ、味を調える。

PART 5　お役立ち野菜おかず

長芋、エリンギ、さきいかのマリネ

かみしめるごとにさきいかのうまみが、じんわり。
長芋のさくさく、エリンギの持ち味と絶妙のバランスです。しょうゆ味がしみじみおいしい。

材料（2人分）
長芋　12cm（160g）
　皮をむき、1cm角の棒状に切る。
エリンギ　大2本（200g）
　縦8等分に切る。
さきいか　10g
　1cm長さに切る。
だし汁＊　½カップ（100ml）
酒　大さじ1
ねぎ＋しょうがオイル（p.9参照）
　大さじ1
しょうゆ、酢　各小さじ1

＊　和風だしのもと小さじ¼を熱湯少々で溶き、水を加えて分量にする。

おすすめストック
さきいか

① 鍋に材料を入れる
電子レンジ圧力鍋に長芋、エリンギ、さきいか、だし汁、酒を入れ、ねぎ＋しょうがオイルを加えて混ぜる。

② 電子レンジにかける
蒸し板で落しぶたをし、ふたをして電子レンジにかける。圧力が下がるまで放置する。

| 600Wの場合　6分かける→3分放置 |
| 500Wの場合　7分かける→3分放置 |

③ 仕上げる
しょうゆ、酢を加えて混ぜ、味を調える。

PART 6

作ってみれば、とても簡単！
ヘルシー豆おかず

「乾燥豆をもどして煮る」と聞くと尻込みしてしまいそうですが、
そんな心配はまったくありません！
コンロで煮ると40分もかかる豆の下ゆでも、
この鍋なら15分もあればOK！　ぽくぽくの口当り、
豆本来の素朴な味わいが存分に楽しめます。
ストックしておけば、いつでも作れるのも最大の魅力です。

チリコンカン

アメリカ・テキサス州生れの料理。
ひき肉と豆をピリ辛トマト味で煮込みます。
ここではクミン＋コリアンダーオイルを加えてスパイシーさをプラス。
いため玉ねぎも加えてうまみとコクをアップしました。

材料（2人分）
レッドキドニー（乾燥）　60g
水　2カップ（400㎖）
豚ひき肉　100g
トマトの水煮（缶詰。カットタイプ）　300g
クミン＋コリアンダーオイル（p.8参照）　小さじ1
いため玉ねぎ（p.9参照）　50g
粉とうがらし＊　小さじ1/3
塩　小さじ1/2
こしょう　少々
イタリアンパセリ（みじん切り。p.10参照）　適宜

＊　チリペッパーや一味とうがらしを使っても。

おすすめストック
レッドキドニー

下ごしらえ

豆を水につけてもどす
電子レンジ圧力鍋にレッドキドニー、水を入れ、半日ほどおく。

PART 6　ヘルシー豆おかず

① 豆を電子レンジにかける
栄養、うまみがある豆のつけ汁は、捨てずに煮汁として使う。蒸し板で落しぶたをし、ふたをして電子レンジにかける。圧力が下がるまで放置する。

```
600Wの場合
　12分かける→3分放置

500Wの場合
　14分30秒かける→3分放置
```

② もう一度電子レンジにかける
①に豚ひき肉、トマト、クミン＋コリアンダーオイル、いため玉ねぎ、粉とうがらしを混ぜる。蒸し板で落しぶたをし、ふたをして電子レンジにかける。圧力が下がるまで放置する。

```
600Wの場合
　8分かける→3分放置

500Wの場合
　9分30秒かける→3分放置
```

③ 仕上げる
塩、こしょうを加えて混ぜる。イタリアンパセリを散らす。

97

材料（2人分）

大豆（乾燥） 60g
電子レンジ圧力鍋に入れ、水2カップ（400ml）につけて半日おく。

ハム（かたまり）＊ 100g
1cm角に切る。

にんじん ⅔本（80g）
皮をむき、1cm角に切る。

和風だしのもと 小さじ⅓

A ┌ ねぎ＋しょうがオイル（p.9参照） 小さじ1
　├ 酒 大さじ2
　└ みりん、砂糖、しょうゆ 各大さじ1

＊ 薄切り3〜4枚を使っても。

おすすめストック
大豆

---

① 大豆を電子レンジにかける
大豆に蒸し板で落しぶたをし、ふたをして電子レンジにかける。圧力が下がるまで放置する。

- 600Wの場合　12分かける→3分放置
- 500Wの場合　14分30秒かける→3分放置

② にんじんを加えて電子レンジにかける
①に和風だしのもとを加えて混ぜ、にんじんを入れる。蒸し板で落しぶたをし、ふたをして電子レンジにかける。圧力が下がるまで放置する。

- 600Wの場合　6分かける→3分放置
- 500Wの場合　7分かける→3分放置

③ もう一度電子レンジにかける
②にハム、Aを加えて混ぜる。蒸し板で落しぶたをし、ふたをして電子レンジにかける。圧力が下がるまで放置する。

- 600Wの場合　3分かける→3分放置
- 500Wの場合　3分30秒かける→3分放置

三目豆

五目豆を三目にして楽しくアレンジしました。
ハムを使って、うまみと洋風エッセンスをプラス。
材料は大豆の大きさに合わせてカットすると、おいしく、見た目もきれいです。

レンズ豆と手羽先の煮物

平たくて火の通りの早いレンズ豆なら、水につけてもどさず、そのまま使えます。
骨つきチキンからじんわり溶け出すうまみとともに、おいしくいただきましょう。
オイスターソースのパンチのある味つけも、大人気。

材料（2人分）
レンズ豆（乾燥） 75g
鶏手羽先 6本（300g）
A ┌ チキンスープ* 2カップ（400㎖）
　├ 酒 大さじ2
　└ 酢 大さじ1
B ┌ ねぎ＋しょうがオイル（p.9参照）
　│　 小さじ1
　├ オイスターソース 大さじ1
　└ 塩、こしょう 各少々
あさつき（斜め切り） 適宜

＊ 鶏ガラスープのもと小さじ2を熱湯少々で溶き、水を加えて分量にする。

おすすめストック
レンズ豆

① 鍋に材料を入れる
電子レンジ圧力鍋にレンズ豆、手羽先、Aを入れて混ぜる。

② 電子レンジにかける
蒸し板で落しぶたをし、ふたをして電子レンジにかける。圧力が下がるまで放置する。

600Wの場合　12分かける→3分放置
500Wの場合　14分30秒かける→3分放置

③ 仕上げる
Bを加えて混ぜ、ふたをして10分ほどおき、味をなじませる。器に盛り、あさつきをのせる。

白いんげん豆とベーコンのスープ煮

ベーコンのうまみが、いんげん豆とスープにしみています。
シンプルな塩味だから、たっぷり、おいしくいただけます。
いんげん豆以外にも、いろんな豆で試してみて。

材料（2人分）
白いんげん豆（乾燥）　60g
　電子レンジ圧力鍋に入れ、水2カップ
　（400㎖）につけて半日おく。
ベーコン（かたまり）＊　150g
　5mm厚さに切る。
チキンコンソメ（粉末）＊＊　小さじ⅔
A ┌ ローリエ（p.42参照）　1枚
　├ いため玉ねぎ（p.9参照）50g
　├ 塩　ひとつまみ
　└ こしょう　少々
粗びき黒こしょう　適宜
パン　適宜

＊　薄切りを使ってもいい。
＊＊　固形スープのもと⅔個を使ってもいい。

おすすめストック
白いんげん豆

① 白いんげん豆を電子レンジにかける
白いんげん豆に蒸し板で落しぶたをし、ふたをして電子レンジにかける。圧力が下がるまで放置する。

> 600Wの場合　12分かける→3分放置
> 500Wの場合　14分30秒かける→3分放置

② 材料を加える
①にチキンコンソメを加えて混ぜ、ベーコン、Aを入れて混ぜる。

③ もう一度電子レンジにかける
蒸し板で落しぶたをし、ふたをして電子レンジにかける。圧力が下がるまで放置する。

> 600Wの場合　8分かける→3分放置
> 500Wの場合　9分30秒かける→3分放置

④ 仕上げる
器に盛り、こしょうをふってパンを添える。

PART 6　ヘルシー豆おかず

材料（2人分）

- ひよこ豆（乾燥）　30g
  - 電子レンジ圧力鍋に入れ、水2カップ（400㎖）につけて半日おく。
- 生ハム*　15g
  - 6mm幅に切る。
- さつまいも　4cm(80g)
  - 皮をむき、6mm角の棒状に切って水にさらし、水気をきる。
- にんじん　4cm（40g）
  - 皮をむき、6mm角の棒状に切る。
- 玉ねぎ　小1/6個
  - 縦に6mm幅に切る。
- チキンコンソメ（粉末）**　小さじ1
- タイム（p.58参照）　1本
- A ┌ にんにくオイル（p.8参照）
  │　　小さじ1
  └ 塩、こしょう　各少々

*　ハム、ベーコンを使ってもいい。
**　固形スープのもと1個を使ってもいい。

おすすめストック
ひよこ豆

1 ひよこ豆を電子レンジにかける

ひよこ豆に蒸し板で落しぶたをし、ふたをして電子レンジにかける。圧力が下がるまで放置する。

> 600Wの場合　12分かける→3分放置
> 500Wの場合　14分30秒かける→3分放置

2 鍋に材料を入れる

①のひよこ豆を取り出し、チキンコンソメを加えて混ぜる。さつまいも、にんじん、玉ねぎ、タイムを入れてさらに混ぜる。

3 もう一度電子レンジにかける

蒸し板で落しぶたをし、ふたをして電子レンジにかける。圧力が下がるまで放置する。

> 600Wの場合　7分かける→3分放置
> 500Wの場合　8分30秒かける→3分放置

4 仕上げる

ひよこ豆、生ハム、Aを入れて混ぜる。塩、こしょう各少々（各分量外）を加えて混ぜ、味を調える。10分ほどおいて味をなじませる。

ひよこ豆と生ハムの煮込み

やさしい味わいのひよこ豆、うまみのある生ハム、
素朴な味わいの野菜が、極上の組合せ。
すっきりとしながら、深みのあるおいしさが楽しめます。

材料（2人分）

黒豆（乾燥） 60g
電子レンジ圧力鍋に入れ、水1½カップ（300㎖）につけて半日おく。

豚肩ロースかたまり肉 150g
1cm角に切る。

長ねぎ 1本
1cm幅の小口切りにする。

A ┌ 洋風スープ* ½カップ（100㎖）
  │ 生クリーム 80㎖
  │ いため玉ねぎ（p.9参照） 50g
  │ 塩 小さじ½
  └ こしょう 少々

＊ チキンコンソメ粉末小さじ⅓、または固形⅓個を熱湯少々で溶き、水を加えて分量にする。

おすすめストック
黒豆

① 黒豆を電子レンジにかける
黒豆に蒸し板で落しぶたをし、ふたをして電子レンジにかける。圧力が下がるまで放置する。

> 600Wの場合　12分かける→3分放置
> 500Wの場合　14分30秒かける→3分放置

② 鍋に材料を入れる
①のゆで汁をきる（ここではゆで汁を使わないが、そのまま飲んだり、スープやみそ汁に使ったりしてもいい）。電子レンジ圧力鍋にすべての材料を入れて混ぜる。

③ もう一度電子レンジにかける
蒸し板で落しぶたをし、ふたをして電子レンジにかける。圧力が下がるまで放置する。

> 600Wの場合　6分かける→5分放置
> 500Wの場合　7分かける→5分放置

④ 仕上げる
塩、こしょう各少々（各分量外）を加えて混ぜ、味を調える。

黒豆のクリーム煮

ポリフェノールたっぷりの黒豆を使った、アイディアおかず。
うまみのある豚ロース肉を、こってり濃厚なクリーム味で煮ました。
かりっとトーストしたバゲットを浸して食べるのも、おすすめ。

PART 6　ヘルシー豆おかず

ビーンズサラダ

3種の豆を使った、目にも楽しいごちそうサラダ。
豆は1～2種だけでもいいし、どんな豆を使ってもOK。
青じそ、梅肉であえた和風の味つけが新鮮です。

材料（2人分）

**レッドキドニー、大豆、
　黒豆（各乾燥）　各20g**
電子レンジ圧力鍋に入れ、水2カップ（400㎖）につけて半日おく。

きゅうり　1本
四つ割りにし、7mm幅に切る。

青じそ　2枚
軸を落としてみじん切りにする。

梅肉　大さじ1強（20g）
みりん*　大さじ1
しょうゆ　小さじ1

*　耐熱容器に入れ、ラップをかけずに電子レンジ600Wに20秒（500Wの場合も20秒）かける。

① 豆を電子レンジにかける
豆に蒸し板で落しぶたをし、ふたをして電子レンジにかける。圧力が下がるまで放置する。

> 600Wの場合　15分かける→10分放置
> 500Wの場合　18分かける→10分放置

② 仕上げる
①のゆで汁をきる（ここではゆで汁を使わないが、そのまま飲んだり、スープやみそ汁に使ったりしてもいい）。ボウルにすべての材料を入れて混ぜ、器に盛る。

これも作ってみたい！
あこがれおやつ

この鍋は「ちょっとしたおやつ作り」も、お手のもの。
おうちにある材料でささっと簡単に作れるものばかりです。
ぜひ、お試しを。

材料（6×6×3cmの容器4個分）
ハム（かたまり）＊　30g
　5mm角に切る。
ホールコーン（缶詰）　30g
　缶汁をきる。
ピザ用チーズ　30g
にんにくオイル（p.8参照）　小さじ2
いため玉ねぎ（p.9参照）　50g
A ┌ 卵　1個
　├ 薄力粉（ふるう）　30g
　├ 牛乳　大さじ3弱
　├ 塩　小さじ⅓
　└ こしょう　少々
粗びき黒こしょう　適宜

＊　薄切り1～2枚を使っても。

① 生地を混ぜる
ボウルにAを入れて泡立て器で混ぜる。なめらかになったら、粗びき黒こしょう以外の残りの材料をすべて加え、ゴムべらで混ぜる。容器に等分に流し入れる。

② 電子レンジにかける
電子レンジ圧力鍋に水½カップ（100ml）を入れ、蒸し板をセットする。①をのせ、ふたをして電子レンジにかける。圧力が下がるまで放置する。粗びき黒こしょうをふる。

> 600Wの場合　5分かける→3分放置
> 500Wの場合　6分かける→3分放置

ケークサレ
ハム、コーン、チーズ入りの甘くないおやつです。
ふんわりとした生地と具の持ち味が、相性抜群。朝食にも、おすすめ。

あこがれおやつ

材料（直径14×高さ7cmの耐熱ボウル1個分・3～4人分）

クリームチーズ　80g
　室温に出してやわらかくする。
砂糖　大さじ1強（20g）
卵　1個
レモン汁　小さじ1
生クリーム　大さじ2
いちごジャム　大さじ4
シリアル　大さじ1

① 材料を混ぜる
ボウルにクリームチーズを入れ、砂糖を加えて泡立て器でよく混ぜる。卵を割り入れて混ぜ、レモン汁、生クリームの順に加えて混ぜる。耐熱ボウルに流し入れる。

② 電子レンジにかける
電子レンジ圧力鍋に水½カップ（100㎖）を注ぎ、①を入れる。ふたをして電子レンジにかける。圧力が下がるまで放置する。

> 600Wの場合　6分かける→2分放置
> 500Wの場合　7分かける→2分放置

③ 仕上げる
粗熱を取り、冷蔵庫で30分以上冷やす。スプーンですくって器に盛り、ジャム、シリアルをかける。

ふわふわチーズ いちごジャムかけ

クリームチーズに卵や生クリームを加えてチン！
ふわふわのクリーム状になったら、
冷蔵庫で冷やして簡単チーズアイスのでき上り！
甘酸っぱいジャムが合います。

材料（容量½カップ　＜100㎖＞の容器4個分）
粒あん（市販）　300g
粉寒天　4g
水　1カップ（200㎖）
砂糖　50g

① 寒天、水を電子レンジにかける
電子レンジ圧力鍋に粉寒天、水を入れて混ぜる。ふたをして電子レンジにかける。圧力が下がるまで放置する。

> 600Wの場合　4分かける→2分放置
> 500Wの場合　5分かける→2分放置

② 粒あん、砂糖を加えて電子レンジにかける
①に粒あん、砂糖を加えて混ぜる。蒸し板で落しぶたをし、ふたをして電子レンジにかける。圧力が下がるまで放置する。

> 600Wの場合　4分かける→2分放置
> 500Wの場合　5分かける→2分放置

③ 仕上げる
混ぜて容器に流し入れ、室温で冷やし固める。

あんこ寒天

市販のあんを使えば、手早く、おいしく、超簡単。
あんこの口当りとほどよい甘さ、手作り感が楽しめます。

あこがれおやつ

材料（作りやすい分量・約6人分）

りんご　2個
　皮をむいて芯を取り除き、8〜10等分のくし形切りにする。

赤ワイン　1カップ（200㎖）

砂糖　100g

シナモンパウダー（p.87参照）　少々

アイスクリーム、プレーンヨーグルト　各適宜

① 鍋に材料を入れる
電子レンジ圧力鍋にりんご、赤ワイン、砂糖、シナモンパウダーを入れて混ぜる。

② 電子レンジにかける
蒸し板で落しぶたをし、ふたをして電子レンジにかける。味がなじむまで放置する。

> 600Wの場合　15分かける→2時間放置
> 500Wの場合　18分かける→2時間放置

③ 仕上げる
グラスに②を盛り、アイスクリームやヨーグルトをかけ、あればビスケット、セルフィユ（各分量外）を添える。

りんごの赤ワイン煮

りんごを赤ワインとシナモンで煮て、豊かな香りと味わいに仕上げました。
そのまま食べても、アイスやヨーグルトをかけてもおいしい。

材料別さくいん

〔うまみのもと〕
いため玉ねぎ・・・ 9
クミン＋コリアンダーオイル・・・・・・・・・・・・・・・・・・・・・・・・・・・ 8
焦がしバター・・・ 9
にんにくオイル・・・・・・・・・・・・・・・・・・・・・・・・・・・・・・・・・・・・・・・ 8
ねぎ＋しょうがオイル・・・・・・・・・・・・・・・・・・・・・・・・・・・・・・・・ 9

〔パスタ〕
オイルサーディンとクレソンのパスタ・・・・・・・・・・・・・・・・・ 18
からし明太子パスタ・・・・・・・・・・・・・・・・・・・・・・・・・・・・・・・・・ 20
カルボナーラ・・・・・・・・・・・・・・・・・・・・・・・・・・・・・・・・・・・・・・・ 12
キャベツとアンチョビーのパスタ・・・・・・・・・・・・・・・・・・・・ 10
鮭のクリームパスタ・・・・・・・・・・・・・・・・・・・・・・・・・・・・・・・・・ 14
ジェノベーゼ・・・・・・・・・・・・・・・・・・・・・・・・・・・・・・・・・・・・・・・ 17
しめじとえのきの和風パスタ・・・・・・・・・・・・・・・・・・・・・・・・ 21
ソーセージとズッキーニのカレーパスタ・・・・・・・・・・・・・・ 19
チーズとアスパラガスのパスタ・・・・・・・・・・・・・・・・・・・・・・ 16
プッタネスカ・・・・・・・・・・・・・・・・・・・・・・・・・・・・・・・・・・・・・・・ 13
ミートソースパスタ・・・・・・・・・・・・・・・・・・・・・・・・・・・・・・・・・ 15

〔ご飯〕
アスパラと帆立のリゾット・・・・・・・・・・・・・・・・・・・・・・・・・・ 26
いか飯・・・ 33
きのこのリゾット・・・・・・・・・・・・・・・・・・・・・・・・・・・・・・・・・・・ 27
コーンビーフのカレーピラフ・・・・・・・・・・・・・・・・・・・・・・・・ 25
五目炊き込みご飯・・・・・・・・・・・・・・・・・・・・・・・・・・・・・・・・・・・ 28
サーモンのづけ混ぜご飯・・・・・・・・・・・・・・・・・・・・・・・・・・・・ 34
雑穀ご飯・・・ 37
さつまいもと栗の炊きおこわ・・・・・・・・・・・・・・・・・・・・・・・・ 30
シーフードのパエリャ・・・・・・・・・・・・・・・・・・・・・・・・・・・・・・・ 22
七分がゆ・・・ 35
赤飯・・・ 32
チャーシューとたけのこの中国風おこわ・・・・・・・・・・・・・・ 31
中華がゆ・・・ 35
チョリソーのケチャップライス・・・・・・・・・・・・・・・・・・・・・・ 24
白米ご飯・・・ 34
発芽玄米ご飯・・・・・・・・・・・・・・・・・・・・・・・・・・・・・・・・・・・・・・・ 36
豚肉の炊込みご飯・・・・・・・・・・・・・・・・・・・・・・・・・・・・・・・・・・・ 29
明太子＋青じそご飯・・・・・・・・・・・・・・・・・・・・・・・・・・・・・・・・ 34
わかめ＋じゃこご飯・・・・・・・・・・・・・・・・・・・・・・・・・・・・・・・・ 34

〔魚介、魚介の加工品〕
アクアパッツァ（鯛、あさり）・・・・・・・・・・・・・・・・・・・・・・・ 38
あさりの具だくさんチャウダー・・・・・・・・・・・・・・・・・・・・・・ 43
あじの中国風煮物・・・・・・・・・・・・・・・・・・・・・・・・・・・・・・・・・・・ 49
アスパラと帆立のリゾット・・・・・・・・・・・・・・・・・・・・・・・・・・ 26
いか飯・・・ 33
いわしの梅煮・・・・・・・・・・・・・・・・・・・・・・・・・・・・・・・・・・・・・・・ 46
えびのチリソースいため・・・・・・・・・・・・・・・・・・・・・・・・・・・・ 48
オイルサーディンとクレソンのパスタ・・・・・・・・・・・・・・・・ 18
からし明太子パスタ・・・・・・・・・・・・・・・・・・・・・・・・・・・・・・・・・ 20
かれいのエスニック煮・・・・・・・・・・・・・・・・・・・・・・・・・・・・・・・ 51

キャベツとアンチョビーのパスタ・・・・・・・・・・・・・・・・・・・・ 10
サーモンのづけ混ぜご飯・・・・・・・・・・・・・・・・・・・・・・・・・・・・ 34
鮭のクリームパスタ・・・・・・・・・・・・・・・・・・・・・・・・・・・・・・・・・ 14
鮭のチャンチャン焼き風・・・・・・・・・・・・・・・・・・・・・・・・・・・・ 44
さばのみそ煮・・・・・・・・・・・・・・・・・・・・・・・・・・・・・・・・・・・・・・・ 45
シーフードのパエリャ（あさり、えび）・・・・・・・・・・・・・・ 22
大根とさんまのかば焼き缶の煮物・・・・・・・・・・・・・・・・・・・・ 92
たこのトマト煮・・・・・・・・・・・・・・・・・・・・・・・・・・・・・・・・・・・・・ 40
たらのナッツ煮込み・・・・・・・・・・・・・・・・・・・・・・・・・・・・・・・・・ 41
長芋、エリンギ、さきいかのマリネ・・・・・・・・・・・・・・・・・・ 95
ニース風サラダ（めかじき、アンチョビー）・・・・・・・・・・ 42
ぶり大根・・・ 47
帆立と野菜の中国風煮込み・・・・・・・・・・・・・・・・・・・・・・・・・・ 50
明太子＋青じそご飯・・・・・・・・・・・・・・・・・・・・・・・・・・・・・・・・ 34
わかめ＋じゃこご飯・・・・・・・・・・・・・・・・・・・・・・・・・・・・・・・・ 34

〔肉〕
豚肉、豚肉の加工品
黒豆のクリーム煮（豚肩ロースかたまり肉）・・・・・・・・・・・ 102
ケークサレ（ハム）・・・・・・・・・・・・・・・・・・・・・・・・・・・・・・・・・ 104
ごぼうとベーコンのスープ煮・・・・・・・・・・・・・・・・・・・・・・・・ 93
三目豆（ハム）・・・・・・・・・・・・・・・・・・・・・・・・・・・・・・・・・・・・・ 98
塩豚でスープ＆サラダ（豚バラかたまり肉）・・・・・・・・・・ 56
白いんげん豆とベーコンのスープ煮・・・・・・・・・・・・・・・・・・ 100
スペアリブのバルサミコ酢煮・・・・・・・・・・・・・・・・・・・・・・・・ 54
ソーセージとズッキーニのカレーパスタ・・・・・・・・・・・・・・ 19
チャーシューとたけのこの中国風おこわ・・・・・・・・・・・・・・ 31
チョリソーのケチャップライス・・・・・・・・・・・・・・・・・・・・・・ 24
豚汁（豚バラ薄切り肉）・・・・・・・・・・・・・・・・・・・・・・・・・・・・・ 57
白菜とハムのクリーム煮・・・・・・・・・・・・・・・・・・・・・・・・・・・・ 93
ひよこ豆と生ハムの煮込み・・・・・・・・・・・・・・・・・・・・・・・・・・ 101
豚肉と野菜の煮込み クスクス添え（豚肩ロースかたまり肉）・・ 59
豚肉の角煮（豚肩ロースかたまり肉）・・・・・・・・・・・・・・・・ 52
豚肉の炊込みご飯（豚肩ロース薄切り肉）・・・・・・・・・・・・ 29
豚バラ肉のハーブ巻き蒸し（豚バラ薄切り肉）・・・・・・・・ 58
ポークカレー（カレー、シチュー用）・・・・・・・・・・・・・・・・ 55

鶏肉
五目炊込みご飯（鶏もも肉）・・・・・・・・・・・・・・・・・・・・・・・・・ 28
チキンカレー（鶏手羽元）・・・・・・・・・・・・・・・・・・・・・・・・・・・ 64
チキンとポテトのクリームシチュー（鶏もも肉）・・・・・・ 61
チキンと野菜のトマト煮（鶏骨つきぶつ切り肉）・・・・・・ 60
チキンと野菜のポトフー（鶏骨つきぶつ切り肉）・・・・・・ 62
チキンハム（鶏胸肉）・・・・・・・・・・・・・・・・・・・・・・・・・・・・・・・ 63
筑前煮（鶏もも肉）・・・・・・・・・・・・・・・・・・・・・・・・・・・・・・・・・ 65
手羽元の酢煮・・・・・・・・・・・・・・・・・・・・・・・・・・・・・・・・・・・・・・・ 67
バンバンジー（鶏胸肉）・・・・・・・・・・・・・・・・・・・・・・・・・・・・・ 66
レンズ豆と手羽先の煮物・・・・・・・・・・・・・・・・・・・・・・・・・・・・ 99

牛肉、牛肉の加工品
牛すじのトマト煮・・・・・・・・・・・・・・・・・・・・・・・・・・・・・・・・・・・ 75
牛すじのみそ煮・・・・・・・・・・・・・・・・・・・・・・・・・・・・・・・・・・・・・ 74
牛肉と大根のピリ辛みそスープ（牛肩ロース薄切り肉）・・・・ 73
コーンビーフのカレーピラフ・・・・・・・・・・・・・・・・・・・・・・・・ 25
肉じゃが（牛肩ロース薄切り肉）・・・・・・・・・・・・・・・・・・・・ 71
肉豆腐（牛肩ロース薄切り肉）・・・・・・・・・・・・・・・・・・・・・・ 70

にんじん、セロリ、サラミのマリネ･････････････････ 94
　　ビーフカレー（牛シチュー用肉）･････････････････ 68
　　ビーフシチュー（牛肩ロース薄切り肉）････････････ 69
　　ビーフストロガノフ（牛肩ロース薄切り肉）････････ 72

ひき肉
　　キーマカレー（豚ひき肉）･･･････････････････････ 80
　　チリコンカン（豚ひき肉）･･･････････････････････ 96
　　鶏肉だんごと麩の煮物･･･････････････････････････ 79
　　煮込みハンバーグ（合いびき肉）･････････････････ 78
　　ピーマンの肉詰め煮（合いびき肉）･･･････････････ 77
　　麻婆豆腐（豚ひき肉）･･･････････････････････････ 81
　　ミートソースパスタ（合いびき肉）･･･････････････ 15
　　ロールキャベツ（合いびき肉）･･･････････････････ 76

〔豆類〕
　　黒豆のクリーム煮･･････････････････････････････ 102
　　三目豆（大豆）･･･････････････････････････････ 98
　　白いんげん豆とベーコンのスープ煮･････････････ 100
　　赤飯（ささげ）･･･････････････････････････････ 32
　　チリコンカン（レッドキドニー）･･･････････････ 96
　　ビーフカレー（ひよこ豆缶）･････････････････････ 68
　　ビーンズサラダ（レッドキドニー、大豆、黒豆）･･ 103
　　ひよこ豆と生ハムの煮込み･････････････････････ 101
　　蒸し枝豆･････････････････････････････････････ 89
　　レンズ豆と手羽先の煮物･･･････････････････････ 99

〔卵〕
　　カルボナーラ･････････････････････････････････ 12
　　ニース風サラダ（ゆで卵）･････････････････････ 42
　　豚肉の角煮（ゆで卵）･････････････････････････ 52
　　ポテトサラダ（ゆで卵）･･･････････････････････ 85

〔豆腐〕
　　肉豆腐（焼き豆腐）･･･････････････････････････ 70
　　麻婆豆腐（木綿豆腐）･････････････････････････ 81

〔麩〕
　　鶏肉だんごと麩の煮物･････････････････････････ 79

〔チーズ〕
　　ケークサレ（ピザ用チーズ）･･･････････････････ 104
　　チーズとアスパラガスのパスタ（ピザ用チーズ）･･ 16
　　ふわふわチーズ いちごジャムかけ（クリームチーズ）･･ 105

〔プレーンヨーグルト〕
　　チキンカレー･････････････････････････････････ 64

〔野菜、野菜の加工品〕
かぶ
　　帆立と野菜の中国風煮込み･････････････････････ 50

かぼちゃ
　　かぼちゃの煮物･･･････････････････････････････ 91
　　チキンと野菜のポトフー･･･････････････････････ 62
　　豚汁･･･ 57

キャベツ
　　キャベツとアンチョビーのパスタ･･･････････････ 10
　　チキンと野菜のポトフー･･･････････････････････ 62
　　蒸し野菜盛合せ･･･････････････････････････････ 82
　　ロールキャベツ･･･････････････････････････････ 76

きゅうり
　　バンバンジー･････････････････････････････････ 66
　　ビーンズサラダ･･･････････････････････････････ 103
　　ポテトサラダ･････････････････････････････････ 85

グリーンアスパラガス
　　アスパラと帆立のリゾット･････････････････････ 26
　　チーズとアスパラガスのパスタ･････････････････ 16

クレソン
　　オイルサーディンとクレソンのパスタ･･･････････ 18

ごぼう
　　牛すじのみそ煮･･･････････････････････････････ 74
　　ごぼうとベーコンのスープ煮･･･････････････････ 93
　　豚汁･･･ 57

小松菜
　　キーマカレー･････････････････････････････････ 80

ししとう、ピーマン、パプリカ
　　ししとうと切干し大根のみそ煮･････････････････ 91
　　スペアリブのバルサミコ酢煮（パプリカ）･･･････ 54
　　チキンと野菜のトマト煮（ピーマン、パプリカ）･･ 60
　　ビーフカレー（パプリカ）･････････････････････ 68
　　ピーマンの肉詰め煮（ピーマン、パプリカ）･････ 77
　　豚バラ肉のハーブ巻き蒸し（パプリカ）･････････ 58
　　蒸し野菜盛合せ（パプリカ）･･･････････････････ 82

ズッキーニ
　　ソーセージとズッキーニのカレーパスタ･････････ 19
　　豚バラ肉のハーブ巻き蒸し･････････････････････ 58

セロリ
　　チキンと野菜のポトフー･･･････････････････････ 62
　　にんじん、セロリ、サラミのマリネ･････････････ 94

大根、切干し大根
　　牛すじのみそ煮（大根）･･･････････････････････ 74
　　牛肉と大根のピリ辛みそスープ･････････････････ 73
　　ししとうと切干し大根のみそ煮･････････････････ 91
　　大根とさんまのかば焼き缶の煮物･･･････････････ 92
　　手羽元の酢煮（大根）･････････････････････････ 67
　　ぶり大根･････････････････････････････････････ 47

玉ねぎ
　　塩豚でスープ＆サラダ･････････････････････････ 56
　　チキンと野菜のポトフー･･･････････････････････ 62
　　豚肉と野菜の煮込み クスクス添え･････････････ 59

109

青梗菜
  豚肉の角煮･････････････････････････････ 52

トマトの水煮缶、トマトソース缶
  キーマカレー（トマトの水煮缶）････････････ 80
  牛すじのトマト煮（トマトソース缶）･･･････ 75
  シーフードのパエリャ（トマトの水煮缶）･･･ 22
  たこのトマト煮（トマトの水煮缶）･････････ 40
  チキンと野菜のトマト煮（トマトの水煮缶）･ 60
  チリコンカン（トマトの水煮缶）･･･････････ 96
  ビーフカレー（トマトの水煮缶）･･･････････ 68
  プッタネスカ（トマトソース缶）･･･････････ 13
  ミートソースパスタ（トマトソース缶）･････ 15

長ねぎ
  黒豆のクリーム煮･･･････････････････････ 102
  肉じゃが･･････････････････････････････････ 71
  肉豆腐････････････････････････････････････ 70
  蒸し野菜盛合せ････････････････････････････ 82

なす
  スペアリブのバルサミコ酢煮････････････････ 54
  蒸しなすの香味ソースかけ･･････････････････ 88

にんじん
  牛すじのみそ煮････････････････････････････ 74
  三目豆････････････････････････････････････ 98
  塩豚でスープ＆サラダ･･････････････････････ 56
  チキンとポテトのクリームシチュー･･････････ 61
  筑前煮････････････････････････････････････ 65
  肉じゃが･･････････････････････････････････ 71
  にんじん、セロリ、サラミのマリネ･･････････ 94
  ビーフシチュー････････････････････････････ 69
  ポークカレー･･････････････････････････････ 55
  蓮根とひじきの煮物････････････････････････ 90

白菜
  白菜とハムのクリーム煮････････････････････ 93

バジル
  ジェノベーゼ･･････････････････････････････ 17

ホールコーン缶
  ケークサレ････････････････････････････････ 104
  チキンとポテトのクリームシチュー･･････････ 61
  チョリソーのケチャップライス･･････････････ 24

ミニトマト、トマト
  アクアパッツァ（ミニトマト）･･････････････ 38
  豚肉と野菜の煮込み クスクス添え（トマト）･ 59

ゆでたけのこ
  あじの中国風煮物･･････････････････････････ 49
  チャーシューとたけのこの中国風おこわ･･････ 31
  鶏肉だんごと麩の煮物･･････････････････････ 79

蓮根
  筑前煮････････････････････････････････････ 65
  蓮根とひじきの煮物････････････････････････ 90

〔きのこ〕
  えびのチリソース炒め（えのきだけ）････････ 48
  かれいのエスニック煮（しめじ）････････････ 51
  きのこのリゾット（生しいたけ、しめじ）････ 27
  牛肉と大根のピリ辛みそスープ（生しいたけ）･ 73
  コーンビーフのカレーピラフ（エリンギ）････ 25
  しめじとえのきの和風パスタ････････････････ 21
  筑前煮（生しいたけ）･･････････････････････ 65
  長芋、エリンギ、さきいかのマリネ･･････････ 95
  煮込みハンバーグ（エリンギ）･･････････････ 78
  ビーフストロガノフ（マッシュルーム）･･････ 72
  麻婆豆腐（生しいたけ）････････････････････ 81
  蒸し野菜盛合せ（しめじ）･･････････････････ 82

〔芋類〕
  あさりの具だくさんチャウダー（じゃがいも）･ 43
  キーマカレー（じゃがいも）････････････････ 80
  鮭のチャンチャン焼き風（じゃがいも）･･････ 44
  さつまいもと栗の炊きおこわ････････････････ 30
  さつまいもとりんごのサラダ････････････････ 87
  チキンとポテトのクリームシチュー･･････････ 61
  長芋、エリンギ、さきいかのマリネ･･････････ 95
  ニース風サラダ（じゃがいも）･･････････････ 42
  肉じゃが･･････････････････････････････････ 71
  ビーフシチュー（じゃがいも）･･････････････ 69
  ひよこ豆と生ハムの煮込み（さつまいも）･･･ 101
  ポークカレー（じゃがいも）････････････････ 55
  ポテトサラダ･･････････････････････････････ 85
  蒸しさつまいも････････････････････････････ 86
  蒸し里芋･･････････････････････････････････ 88
  蒸しじゃが････････････････････････････････ 84

〔海藻〕
  蓮根とひじきの煮物････････････････････････ 90
  わかめ＋じゃこご飯････････････････････････ 34

〔ナッツ、栗〕
  さつまいもと栗の炊きおこわ････････････････ 30
  ジェノベーゼ（ミックスナッツ）････････････ 17
  たらのナッツ煮込み（ミックスナッツ）･･････ 41
  中華がゆ（ピーナッツ）････････････････････ 35
  ゆで栗････････････････････････････････････ 89

〔果物、果物の加工品〕
  いわしの梅煮･･････････････････････････････ 46
  さつまいもとりんごのサラダ････････････････ 87
  ふわふわチーズ いちごジャムかけ･･････････ 105
  りんごの赤ワイン煮･･･････････････････････ 107

〔その他〕
  あんこ寒天････････････････････････････････ 106

電子レンジ圧力鍋での調理は、こんなことも大事です！

おいしい料理を作るためには、レシピどおりの分量できちんと作ることが大切です。
そのためにも、計量のしかたをしっかりとマスターしましょう。

計量のしかた

この鍋での調理は、味つけが何といっても重要ポイント。大さじ、小さじ、計量カップ、はかりは必須アイテムです。

塩や砂糖はすりきりで

計量スプーンに山盛りに入れ、計量スプーンの先端やナイフで表面を平らにする。押しつけたりしないように注意。

½のときは向う側を落とす

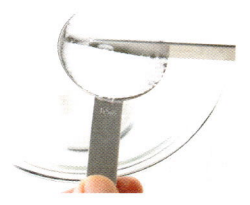

すりきりではかった後、計量スプーンの先端やナイフの先を横一文字に入れる。向う側半分を落とす。

⅓、⅔のとき

写真のように3分割にする。⅓量を落とせば⅔、⅔量を落とせば⅓。

液体調味料の大さじ1

スプーンを平らに持ち、調味料を縁ぎりぎりまで注ぐ。

液体調味料の大さじ½

下から⅔ほどの高さまで入れる。スプーンは球の半分のような形で、底に近いほど面積が少ないので、このくらい入れていい。

液体調味料を計量カップではかるとき

真横から見ると誤差が出やすい。斜め上から向う側の側面の数値に合わせるといい。

はかりで計量すれば、より正確

デジタル式のはかりなら、鍋などをのせても0gにリセットできるので計量しやすく、誤差がない。水、酢、酒、だし汁大さじ1（15ml）＝15g、しょうゆ、みりん大さじ1（15ml）＝18gで換算するといい。

使える容器、使えないもの

安全に調理するために、こんなことも大切。

耐熱容器、シリコン容器は使用可能！

耐熱容器、シリコン容器、金属を使っていない陶器は、電子レンジ圧力鍋に入れて使える。

金属製品や卵はNG！

ステンレス、アルミホイル、金属性の食器類は、電子レンジの故障や火災の原因になるので使用しないこと。殻つき卵、ゆで卵も破裂する危険がある。

川上文代 かわかみ・ふみよ

1965年、千葉県館山生れ。辻調理師専門学校を卒業し、同校の教員として12年間勤務。'96年、「デリス・ド・キュイエール　川上文代料理教室」を開設。料理教室で教鞭をとるほか、雑誌や料理本、テレビなど、多方面で活躍中。確かな技術に裏打ちされたプロのワザで、和、洋、中、エスニックなど、ジャンルを問わずさまざまな料理をこなす。
ホームページ　https://delice-dc.com

ブックデザイン	遠矢良一（ARMCHAIR TRAVEL）
撮影	広瀬貴子
スタイリング	佐々木カナコ
調理アシスタント	猪野敬子、岡 亜希子、江川しづく、阿部和枝、師岡美奈子、梅木紀子
校閲	山脇節子
編集	園田聖絵（FOODS FREAKS） 浅井香織（文化出版局）
協力	株式会社マイヤージャパン 0120-23-8360 ホームページ　https://meyer.co.jp

電子レンジ圧力鍋で
らくらく絶品メニュー105

発　行　2013年 2月 4日　第 1 刷
　　　　2024年 2月 8日　第13刷

著　者　川上文代
発行者　清木孝悦
発行所　学校法人文化学園 文化出版局
　　　　〒151-8524　東京都渋谷区代々木3-22-1
　　　　電話03-3299-2565（編集）　03-3299-2540（営業）
印刷・製本所　TOPPAN株式会社

©Fumiyo Kawakami 2013 Printed in Japan
本書の写真、カット及び内容の無断転載を禁じます。

本書のコピー、スキャン、デジタル化等の無断複製は著作権法上での
例外を除き、禁じられています。
本書を代行業者等の第三者に依頼してスキャンやデジタル化するこ
とは、たとえ個人や家庭内での利用でも著作権法違反になります。

文化出版局のホームページ　　https://books.bunka.ac.jp/